Nadine Wenzel

Erben ist ein dreckiges Geschäft

Nadine Wenzel

Erben ist ein dreckiges Geschäft

Richtig erben und vererben

Lehrbuchverlag

Imprint
Any brand names and product names mentioned in this book are subject to trademark, brand or patent protection and are trademarks or registered trademarks of their respective holders. The use of brand names, product names, common names, trade names, product descriptions etc. even without a particular marking in this work is in no way to be construed to mean that such names may be regarded as unrestricted in respect of trademark and brand protection legislation and could thus be used by anyone.

Cover image: www.ingimage.com

Publisher:
Der Lehrbuchverlag
is a trademark of
Dodo Books Indian Ocean Ltd., member of the OmniScriptum S.R.L Publishing group
str. A.Russo 15, of. 61, Chisinau-2068, Republic of Moldova Europe
Printed at: see last page
ISBN: 978-620-0-44742-5

Inhalt

Abbildungsverzeichnis

Tabellenverzeichnis

Einführung

Erben gehört (leider) zum Leben dazu, wie der Tod leider auch. Jeder wünscht sich im hohen Alter sanft einzuschlafen und in Frieden zu gehen, aber die Realität sieht meistens anders aus. Angehörige sterben durch Krankheiten, wie Krebs, Aids, Corona. Man muss nicht einmal Krank sein, um zu sterben, z.B. durch einen Verkehrsunfall (Auto-, Motorrad-, Fahrradunfall oder sogar als Fußgänger). Und nicht mal vor dem Alter macht der Tod halt.
Das macht vielen Menschen Angst, was andere ausnutzen und mit dieser Angst Geld verdienen – ich sage nur Sterbeversicherung. Ich bin kein Freund von Versicherungen, die man nicht braucht und die Sterbegeldversicherung gehört meines Erachtens dazu. Eine Bestattungsvorsorge z.B. halte ich für Sinnvoll, die kann man bei dem Bestatter abschließen, den man sich vorher ausgesucht hat und es wird alles so ausgeführt, wie man es sich selbst wünscht, siehe „Das Bestattungsunternehmen ihres Vertrauens.
Wenn ich jetzt von Vorsorge rede, meine ich nicht die Vorsorge durch eine Versicherung, sondern die Vorsorge seinen Nachlass nach seinen Wünschen zu verteilen. Vielleicht sollte man nicht nur von Vorsorge reden, sondern von versorgen, denn wie die Familie versorgt wird, spielt auch eine Rolle, weshalb man sich bereits in jungen Jahren (spätestens, wenn man eine Familie gründet oder wenn ein Kind unterwegs ist) darum kümmern.
Vielen Menschen macht es Angst über Tod, Testament, letzter Wille oder Patientenverfügung zu reden oder nur darüber nachzudenken. Alter Aberglaube ist hier fehl am Platz. Man stirbt nicht, wenn man darüber redet, versprochen!
Ich spreche da für mich, wenn ich sage, dass ich meinen Frieden mit dem Tod gemacht habe. Er wird mich eines Tages holen und daran kann ich nichts ändern, deshalb habe ich keine Angst davor.
Als Kind hatte ich selbst Angst vor dem Tod, als ich mitbekam, dass Menschen sterben können. Mein Opa meinte dann, ich bräuchte mir keine Sorgen machen, weil ich noch sehr jung sei und noch nicht sterben würde und er und Oma auch nicht. Das beruhigte mich ein wenig und ich vergas meine Angst.

Als Teenager kam die Angst erneut hoch, als ich hörte, wie manche Mädels in die Autos der noch unerfahrenen, vor Selbstüberschätzung, angeberischen Raudies einstiegen und nach einem Discoabend nicht mehr lebend nach Hause kamen. Da schwor ich mir, nie mit so einem Jungen mitzufahren. Hat sich bewährt.
Mittlerweile habe ich meine zwei Uromas, meine Mama, zwei Onkels, meinen Opa, meinen Papa und meine Tante verloren. Gerade deshalb habe ich viel Erfahrung (leider muss man sagen), was das Erben betrifft und vor allem über die Dinge, die sonst nicht in Büchern stehen, gesammelt. Diese Erfahrungen und den Kampf durch den Paragrafen-Dschungel etc. möchte ich Ihnen näherbringen, damit das „erben" und „vererben" für Sie keine unüberwindbare Sache wird.

Aber vorher möchte ich noch erläutern, warum ich Erben für ein dreckiges Geschäft halte. Nun ja, meiner Meinung nach gibt es mehrere Gruppen von Erben.

1. Die, die nicht schnell genug erben können. (ungeduldig sind)
2. Die, die nicht erben wollen. (aus Scham, Hass oder Wut)
3. Die, die das Erbe ausschlagen.
4. Die, die alles dafür tun würden, damit sie erben. (eher kriminell orientiert)
5. Die, die im Leben nicht dachten, dass sie mal erben würden. (die Überraschten)

<u>Und nun warum ich erben für ein dreckiges Geschäft halte:</u>

1. Erben bringt Familien auseinander.
2. Erben setzt kriminelle Energien frei.
3. Erben verletzt Menschen, z.B. wegen übler Nachrede u.a.
4. Erben kann den eigentlichen Erben gefährden, z.B., wenn jemand übergangen wurde oder sich ungerecht behandelt fühlt.
5. Erben schürt Hass und Gewalt.
6. Erben sorgt für Zwietracht.

Ich habe schon so einiges erlebt und meine Erfahrungen in einem Buch niedergeschrieben und das waren selten gute Erfahrungen, sondern eher schlechte. Erben ist eine ernste Sache, sie stößt entweder auf Akzeptanz (in den selteneren Fällen) oder auf das genaue Gegenteil und löst Gefühle aus, wie sich hintergangen zu fühlen, ausgeschlossen worden zu sein oder Wut darüber, wenn etwas hinter dem Rücken gemacht worden ist. Ich habe erlebt, wie vor dem Tod des Verstorbenen alles geregelt wurde und innerhalb von nicht mal einer Woche, wurde deren letzter Wille mit Füssen getreten.

Menschen gehen gegen andere Menschen vor, aus irgendeinem Grund, den der andere Mensch nicht versteht. Es wird sich nicht mehr an einen Tisch gesetzt und darüber geredet. Jeder gegen jeden, oder alle auf einen. Familien brechen auseinander und dass nur wegen Geld, was vorher überhaupt keine Rolle gespielt hat. „Jetzt kommt der wahre Kern zum Vorschein", ist ein typischer Satz oder „Wenn er/sie wüsste, was hier vor sich geht, würde er/sie sich im Grabe umdrehen!"

Ich rede nicht von ungefähr, denn mein Opa hatte vor seinem Tod auch alles geregelt, wie er es wollte und es kam dann alles anders. Ich weiß, wie es ist zu trauern. Ich kenne die Wut, die man hat. Wie es ist, wenn man einen geliebten Menschen zu Grabe trägt und wie die Trauer sich auf den Körper auswirken kann. Die Psyche spinnt manchmal völlig, so dass man nicht mehr weiß, wer man ist. Hilflosigkeit, gehört dazu. Man muss lernen, dass der Tod zum Leben dazugehört und sich klarmachen, dass er jeder Zeit zur Tür hineinkommen kann. Dem sollte man sich immer klar sein und der Tatsache, dass selbst, wenn man alles plant, man immer damit rechnen muss, dass es „anders kommt als man denkt", und man nichts dagegen tun kann, wenn man unter der Erde ist. Besser ist ein offenes Gespräch zu führen und wenn aufgrund von Entfernungen nicht von Angesicht zu Angesicht geht, dann eben per Telefon. So hat es jedenfalls mein anderer Opa mit mir gemacht, weil er 800 km weit weg wohnt. Er hat mir gesagt, wie er sein Vermächtnis aufgeteilt hat und was passieren wird, wenn er verstorben ist. Und ich werde seinen Wunsch respektieren.

Erben gehört dazu, egal ob mit oder ohne Testament, genau wie die Verpflichtung sich um den Nachlass des Verstorbenen zu kümmern. Aber wie ist das eigentlich gesetzlich geregelt? Wie erbt man? Was hat der Erbe für Pflichten zu erfüllen? Was ist eine Erbengemeinschaft? Was kann man alles erben? Wie trete ich mein Erbe an? Was ist zu beachten? Fragen über Fragen. Die Antworten findet man nur durch mühselige Kleinarbeit. Das soll sich nun ändern,

ich möchte Ihnen das Erbrecht näherbringen, so dass Sie hinterher sagen können:
„Das wusste ich ja gar nicht, ist ja interessant!“ und genauso wichtig „Ich habe alles verstanden, was ich soeben gelesen habe!“
Ackern wir uns gemeinsam durch den Paragrafen-Dschungel und widmen uns dem Erbrecht.

Kapitel 1

Der Erbe – die gesetzliche Erbfolge

Im 5. Buch des Bürgerlichen Gesetzbuches (kurz: BGB) ist das Erbrecht verfasst. Übrigens kleiner Tipp von mir, es ist nie falsch ein BGB Gesetzesbuch zu Hause zu haben, es kostet weniger als 10 € und ist teilweise spannender zu lesen, als ein Roman. In den 463 Paragrafen (keine Panik!) ist das Erbrecht geregelt. Es behandelt alle Fragen, z.B. wer was erbt, welche Pflichten der Erbe hat und welches Gericht für den Erben zuständig ist. Erst einmal schauen wir uns die Erbfolge genauer an, wo wir mit den ersten Paragrafen in Berührung kommen. Keine Angst vor den Paragraphen, ich schleuse Sie dadurch und erkläre Ihnen alles Schritt für Schritt, so dass es jeder versteht. Versprochen.
Der Erbe, kann sowohl vom Kontext her nicht nur männlich, weiblich oder diverse sein, sondern auch ungeboren oder nicht mal gezeugt. Es gibt den Vorerben, den Nacherben und den Ersatzerben, den wir im Zuge des Testaments näher kennenlernen werden. Fangen wir mit dem grundlegendsten eines Erben an.

§ 1922 Gesamtrechtsnachfolge:

(1) Mit dem Tode einer Person (Erbfall) geht deren Vermögen (Erbschaft) als Ganzes auf eine oder mehrere andere Personen (Erben) über.

(2) Auf den Anteil eines Miterben (Erbteil) finden die sich auf die Erbschaft beziehenden Vorschriften Anwendung.

Hier geht es im Grunde nur um eines: „Was ist erben?
Der Erbfall tritt ein, wenn eine Person gestorben ist. Das ist jetzt nichts so Neues und auch einfach zu verstehen. Nun zu dem ersten Fachbegriff, das Vermögen des Verstorbenen nennt man ab sofort „Erbschaft", später sprechen wir von Nachlass, nur mal vorweg. Auf den zweiten Absatz gehen wir später ein.
Bevor ich weiter mache, weiß ich ja gar nicht, ob sie sich in der Schule mal mit Paragrafen auseinandergesetzt haben, bzw. auseinandersetzen mussten. Deshalb gehe ich mal einen Schritt zurück und gebe Ihnen eine kurze Einführung. Gesetztestexte bestehen aus einem Paragraphenzeichen, gekennzeichnet durch dieses Symbol „§". Die Zahlen, die durch Klammern eingeschlossen sind z.B. „(1)", nennt man Absätze. Also, wenn dort geschrieben steht:

§ 1922 Abs. 1, 2 spricht man: Paragraph 1922, Absatz 1 und 2.

Wird auf einen Satz im Paragrafen hingewiesen, wie im folgenden Paragraphen auf den ich gleich eingehen werde, sähe das folgendermaßen aus:

§ 1925 Abs. 3, S. 2 spricht man: Paragraph 1925, Absatz 3, Satz 2, damit ist dann der zweite Satz im 3. Absatz gemeint.

Nun da Sie jetzt ein quasi Experte im Paragrafen lesen sind, können wir uns wieder dem Erbrecht widmen.

> *§ 1923 Erbfähigkeit:*
>
> *(1) Erbe kann nur werden, wer zur Zeit des Erbfalls lebt.*
>
> *(2) Wer zur Zeit des Erbfalls noch nicht lebte, aber bereits gezeugt war, gilt als vor dem Erbfall geboren.*

Der erste Absatz ist noch relativ leicht zu verstehen, „Tote können nicht Erben". Der zweite Absatz ist da schon ein wenig interessanter und bezieht sich auch auf den folgenden Paragraphen, heißt aber im Klartext: Das ungeborene Kind ist Erbe (siehe § 1924) des Vermögens (Erbschaft) z.B. des verstorbenen Vaters. Im deutschen Recht sind die Erben in s.g. Ordnungen unterteilt, die immer gleichbleiben.

> *§ 1924 Gesetzliche Erben erster Ordnung:*
>
> *(1) Gesetzliche Erben der ersten Ordnung sind die Abkömmlinge des Erblassers.*
>
> *(2) Ein zur Zeit des Erbfalls lebender Abkömmling schließt die durch ihn mit dem Erblasser verwandten Abkömmlinge von der Erbfolge aus.*
>
> *(3) An die Stelle eines zur Zeit des Erbfalls nicht mehr lebenden Abkömmlings treten die durch ihn mit dem Erblasser verwandten Abkömmlinge (Erbfolge nach Stämmen).*
>
> *(4) Kinder erben zu gleichen Teilen.*

Leichter zu verstehen ist es, wenn man sich seinen Familienstammbaum dabei vorstellt (siehe zum Vergleich Abbildung 1). Am besten Sie malen ihren Stammbaum einfach mal auf und notieren die Ordnungen direkt daneben. Das nächste Fremdwort welches wir uns merken sollten, ist das Wort „Abkömmling", welches man auch durch „Kind" ersetzen kann. Als Synonym für den Verstorbenen gilt ab jetzt das Wort „Erblasser".
Im 2. Absatz wird klar, dass ein Abkömmling des Erblassers an erster Stelle steht, besonders, wenn der Abkömmling selber Abkömmlinge (Enkel des Verstorbenen) hat.
Gehört jetzt nicht zum Paragrafen: Ausnahmen gibt es nur, wenn der Erblasser das in seinem Testament explizit wünscht, also dass nicht seine Kinder, sondern seine Enkel erben, aber dazu kommen wir später.
Sollte aber der Abkömmling des Erblassers nicht mehr Leben (4. Absatz), dann tritt an deren Stelle der oder die Abkömmling(e) des Abkömmlings. Beispiel der Vater stirbt, die Tochter würde erben ist aber ebenfalls schon gestorben, so bekommt der Sohn (Enkel des Erblassers) der Tochter das Erbe.
Gibt es mehr als einen Abkömmling, wird das Erbe gerecht zu gleichen Teilen aufgeteilt. Aber das wissen wir ja spätestens seit dem Kindergarten! Machen wir weiter mit der zweiten Ordnung:

§ 1925 Gesetzliche Erben zweiter Ordnung:

(1) Gesetzliche Erben der zweiten Ordnung sind die Eltern des Erblassers und deren Abkömmlinge.

(2) Leben zur Zeit des Erbfalls die Eltern, so erben sie allein und zu gleichen Teilen.

(3) [1]Lebt zur Zeit des Erbfalls der Vater oder die Mutter nicht mehr, so treten an die Stelle des Verstorbenen dessen Abkömmlinge nach den für die Beerbung in der ersten Ordnung geltenden Vorschriften. Sind Abkömmlinge nicht vorhanden, so erbt der überlebende Teil allein.

(4) In den Fällen des § 1756 sind das angenommene Kind und die Abkömmlinge der leiblichen Eltern oder des anderen Elternteils des Kindes im Verhältnis zueinander nicht Erben der zweiten Ordnung.

Zur zweiten Ordnung gehören die Eltern des Verstorbenen und deren Abkömmlinge, die Brüder und/oder Schwestern des Erblassers. Hier ist es genau wie bei der 1. Ordnung ist einer der Elternteile zum Zeitpunkt des

Erbfalls verstorben, tritt an deren Stelle ihr Abkömmling (der Bruder und/oder die Schwester des Verstorbenen).
Beispiel der Vater des Verstorbenen ist auch schon Tod, die Mutter und ein Bruder leben noch. So erbt die Mutter zusammen mit dem Bruder.
War der Erblasser ein Einzelkind, so erbt der noch lebende Elternteil allein.
Der 4. Absatz bezieht sich auf den Paragrafen § 1756 der für adoptierte Kinder gilt. Es heißt darin, dass minderjährig adoptierte Kinder mit ihren leiblichen Eltern und/oder weiteren Geschwistern nicht mehr verwandt sind. Und nur weil sie adoptiert sind, gehören die leiblichen Eltern und weitere Geschwister nicht zur zweiten Ordnung.
Beispiel Der Erblasser hinterlässt ein Kind, welches er adoptiert hat. Da die leiblichen Eltern noch Kontakt zu dem Kind haben und dieses noch einen Bruder hat, sind sie der Meinung der Bruder hätte auch ein Anrecht auf das Erbe und fordern sein Recht ein. Sie scheitern, denn nach § 1756 ist der Erbe (das adoptierte Kind) nicht mehr mit dem Bruder verwandt, deshalb bekommt er nichts.

Juristen-Deutsch ist manchmal eine schwierige Sprache. Das liegt daran, dass alle Eventualitäten mit einbezogen werden und es dadurch kompliziert wirkt.
Sehen wir uns mal die nächste Ordnung an.

§ 1926 Gesetzliche Erben dritter Ordnung:

(1) Gesetzliche Erben der dritten Ordnung sind die Großeltern des Erblassers und deren Abkömmlinge.

(2) Leben zur Zeit des Erbfalls die Großeltern, so erben sie allein und zu gleichen Teilen.

(3) [1]Lebt zur Zeit des Erbfalls von einem Großelternpaar der Großvater oder die Großmutter nicht mehr, so treten an die Stelle des Verstorbenen dessen Abkömmlinge. Sind Abkömmlinge nicht vorhanden, so fällt der Anteil des Verstorbenen dem anderen Teil des Großelternpaares und, wenn dieser nicht mehr lebt, dessen Abkömmlingen zu.

(4) Lebt zur Zeit des Erbfalls ein Großelternpaar nicht mehr und sind Abkömmlinge der Verstorbenen nicht vorhanden, so erben die anderen Großeltern oder ihre Abkömmlinge allein.

(5) Soweit Abkömmlinge an die Stelle ihrer Eltern oder ihrer Voreltern treten, finden die für die Beerbung in der ersten Ordnung geltenden Vorschriften Anwendung.

In der dritten Ordnung sind die Großeltern des Erblassers die Begünstigten, oder wie wir hier im Ruhrgebiet sagen: Oma und Opa. Deren Abkömmlinge, die Onkel und Tanten des Erblassers treten an die Stelle der Großeltern, sollte einer von beiden verstorben sein. Und ab hier wird es kompliziert:
Wir reden aber hier von zwei Großelternpaaren, denn die gibt es ja im Doppelpack. Wenn alle noch leben!
Ist einer der Großeltern verstorben, tritt an deren Stelle ein Abkömmling (Onkel und/oder Tante). Gibt es keine Abkömmlinge, so bekommen die anderen Großeltern, deren Anteil. Sollte von beiden Großeltern jeweils nur eine Person leben, so bekommen deren Abkömmlinge das Erbe.
Und sie meinen das war kompliziert, es geht noch weiter im 4. Absatz.
Gibt es nur noch ein Großelternpaar und auch nicht deren Abkömmlinge, so erbt das noch lebende Großelternpaar allein (oder deren Abkömmlinge).
Wenn jetzt nur die Abkömmlinge erben und davor keiner mehr am Leben ist, gelten die Vorschriften der ersten Ordnung (gedanklich uninteressant).
Dazu gibt es im Paragraphen § 1927 (Mehrere Erbteile bei mehrfacher Verwandtschaft) eine Regelung, die die ersten drei Ordnungen betrifft, nämlich wer allen drei Ordnungen angehört, kann aus allen drei Ordnungen einen eigenen Anteil, in dem Fall drei Erbanteile erben (und auch einzeln ausschlagen, aber dazu kommen wir später!). Was nichts anderes heißt, als das man als Erbe mehrere Erbanteile erben kann, nicht nur einen.
Im BGB werden mindestens fünf Ordnungen genannt, die aber soweit zurückliegt, dass ich hier nur bis zur vierten Ordnung gehen möchte. Wobei diese auch nicht alltäglich vorkommt, aber dennoch erwähnenswert ist.

§ 1928 Gesetzliche Erben vierter Ordnung:

(1) Gesetzliche Erben der vierten Ordnung sind die Urgroßeltern des Erblassers und deren Abkömmlinge.

(2) Leben zur Zeit des Erbfalls Urgroßeltern, so erben sie allein; mehrere erben zu gleichen Teilen, ohne Unterschied, ob sie derselben Linie oder verschiedenen Linien angehören.

(3) Leben zur Zeit des Erbfalls Urgroßeltern nicht mehr, so erbt von ihren Abkömmlingen derjenige, welcher mit dem

Erblasser dem Grade nach am nächsten verwandt ist; mehrere gleich nahe Verwandte erben zu gleichen Teilen.

In der vierten Ordnung erben also die Urgroßeltern (Uroma und Uropa) bzw. deren Abkömmlinge (Großtanten, Großonkels) alles (Abs. 2), sollten sie aber nicht mehr leben, erbt von deren Abkömmling derjenige, der dem Erblasser (dem Verstorbenen) verwandtentechnisch am nächsten steht (Abs. 3) natürlich bei mehreren Erben jeder zu gleichen Teilen. Nur der Ordnung halber, wir sprechen hier wieder von allen Urgroßeltern. Bevor wir weitermachen, schauen wir uns das erst mal in einem Schaubild zum besseren Verständnis an.

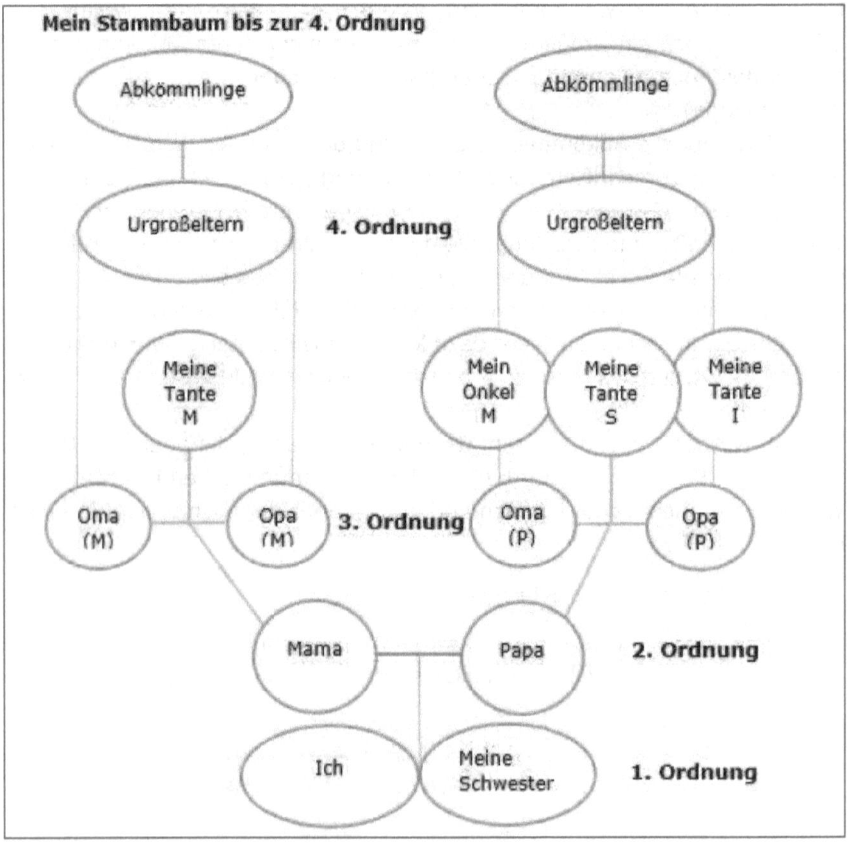

Abbildung 1: Stammbaum von der 1. bis zur 4. Ordnung

Wie man in der Abbildung sehen kann, sind die Abkömmlinge in der 1. Ordnung, dann kommen die Eltern in der 2. Ordnung, die Großeltern (Oma und Opa) und deren Abkömmlinge in der 3. Ordnung und die Urgroßeltern mit deren Abkömmlingen in der 4. Ordnung.
Oft ist es so, dass man über die 1. Ordnung gar nicht hinauskommt, vor allem, wenn jemand im hohen Alter stirbt, sind längst die Verwandten der 2.-4. Ordnung verstorben. Wenn jedoch ein junger Mensch stirbt, erbt meist die 2. oder 3. Ordnung. Dass die 4. Ordnung erbt, habe ich persönlich noch nicht gehört.
Wichtig zu wissen, besonders für die Ungeduldigen unter den Erben ist:

§ 1930 Rangfolge der Ordnungen:

Ein Verwandter ist nicht zur Erbfolge berufen, solange ein Verwandter einer vorhergehenden Ordnung vorhanden ist.

Dieser Gesetzestext bedarf keiner Erklärung, nur „immer schön der Reihe nach."
Einige von Ihnen werden sich jetzt fragen: „Ich bin verheiratet. Was ist mit meinem Ehepartner, wenn ich sterbe?" Eine berechtigte Frage, denn ich war immer der Meinung, dass ich, wenn einer meiner Elternteile sterben sollte, ich gar nicht übers erben nachdenken bräuchte, weil ich erst erbe, wenn beide Elternteile verstorben sind, was für mich immer vollkommen in Ordnung war. Dass es im Gesetz ganz anders aussieht, habe ich erst festgestellt, als auch noch mein Vater verstorben war (meine Mutter war schon früher verstorben).
Wahrscheinlich haben Sie bis eben genauso gedacht. Meine Vorstellung war, dass wenn mein Ehepartner stirbt, ich einfach alles erbe, schließlich leben wir ja zusammen. So ist es aber nicht, gesetzlich ist das ein wenig anders geregelt. Wobei sich da ein Gang zum Rechtsanwalt anbietet, aber das kann jeder für sich selbst entscheiden. Schauen wir uns den Gesetzestext dazu mal genauer an:

§ 1931 Gesetzliches Erbrecht des Ehegatten:

(1) [1]Der überlegende Ehegatte des Erblassers ist neben Verwandten der ersten Ordnung zu einem Viertel, neben Verwandten der zweiten Ordnung oder neben Großeltern zur Hälfte der Erbschaft als gesetzlicher Erbe berufen. Treffen mit Großeltern Abkömmlinge von Großeltern zusammen, so erhält der Ehegatte auch von der anderen Hälfte den Anteil, der nach § 1926 den Abkömmlingen zufallen würde.

(2) *Sind weder Verwandte der ersten oder der zweiten Ordnung, noch Großeltern vorhanden, so erhält der überlebende Ehegatte die ganze Erbschaft.*

(3) *Die Vorschrift des § 1371 bleibt unberührt.*

(4) *Bestand beim Erbfall Gütertrennung und sind als gesetzliche Erben neben dem überlebenden Ehegatten ein oder zwei Kinder des Erblassers berufen, so erben der überlebende Ehegatte und jedes Kind zu gleichen Teilen; § 1924 Abs. 3 gilt auch in diesem Falle.*

Für viele erstmal ein Schock. Nicht dass ich Sie nicht darauf vorbereitet hätte! Um es mal ein wenig anders zu formulieren, selbst wenn Sie heiraten, heißt das nicht, dass die Familie komplett vom Erbe ausgeschlossen ist. Keine Angst, es gibt Möglichkeiten das zu ändern, es heißt ja nicht umsonst „letzter Wille".
Und ich kann sie beruhigen, sie müssen keine Angst haben, dass Ihnen ihre erwachsenen Kinder den Hausstand leerräumen, aber darüber sprechen wir im nächsten Paragraphen. Gehen wir erst auf diesen ein. Sind in der Ehe Kinder vorhanden, bekommt der überlebende Ehegatte 25 % des Erbes, den Rest teilen sich die Kinder(wenn vorhanden) zu gleichen Teilen. Leben die Eltern oder Großeltern des verstorbenen Ehepartners noch, erhält der überlebende Ehegatte 50 % des Erbes. Sollten an die Stelle der Großeltern Abkömmlinge treten, gilt das gleiche, wie im § 1926. Der 2. Absatz erklärt sich quasi von selbst. Ein Zugewinnausgleich im Todesfall (§ 1371) bleibt unberührt. Absatz 4 ist für viele sicherlich nicht geläufig, deshalb bedarf er wohl einer Erklärung. Das Wort „Gütertrennung" erklärt sich am besten so: Es gibt Menschen, die viel Vermögen in die Ehe bringen und um es zu schützen, wird Gütertrennung z.B. durch einen Ehevertrag vereinbart. Bedeutet je nachdem was im Ehevertrag drin steht, behält z.B. jeder bei einer Scheidung nur das was er in die Ehe mitgebracht hat. Auf unserem Paragraphen bezogen bedeutet das nur, dass die Kinder und der noch überlebende Ehepartner zu gleichen Teilen erben. Der kleine Hinweis auf § 1924 Abs. 3 erinnert uns daran, dass sollte eines der Kinder des Erblassers nicht mehr leben an deren Stelle deren Abkömmling erbt.
Wie schon angedeutet, muss der überlebende Ehegatte keine Angst davor haben, dass einen die Verwandtschaft umgangssprachlich „die Bude ausräumt".

§ 1932 Voraus des Ehegatten:

(1) Ist der überlebende Ehegatte neben Verwandten der zweiten Ordnung oder neben Großeltern gesetzlicher Erbe, so gebühren ihm außer dem Erbteil die zum ehelichen Haushalt gehörenden Gegenstände, soweit sie nicht Zubehör eines Grundstücks sind, und die Hochzeitsgeschenke als Voraus. Ist der überlebende Ehegatte neben Verwandten der ersten Ordnung gesetzlicher Erbe, so gebühren ihm diese Gegenstände, soweit er sie zur Führung eines angemessenen Haushalts benötigt.

(2) Auf den Voraus sind die für Vermächtnisse geltenden Vorschriften anzuwenden.

Der Paragraph erklärt sich eigentlich von selbst. Der überlebende Ehegatte darf zusätzlich zu seinem Erbe den gemeinsamen Hausstand behalten. Absatz 2 bezieht sich auf den Paragrafen § 1939 Vermächtnis - indem der Erblasser einem anderen (muss kein Erbe sein) sein Vermögen oder etwas aus seinem Vermögen durch Testament hinterlassen kann.
Was aber, wenn die Ehepartner gerade in der Scheidungsphase (Trennungsjahr) sind oder womöglich schon geschieden sind? Hat der Ex-Partner dann noch Anrecht auf das Erbe?

§ 1933 Ausschluss des Ehegattenerbrechts:

Das Erbrecht des überlebenden Ehegatten sowie das Recht auf den Voraus ist ausgeschlossen, wenn zur Zeit des Todes des Erblassers die Voraussetzungen für die Scheidung der Ehe gegeben waren und der Erblasser die Scheidung beantragt oder ihr zugestimmt hat. Das Gleiche gilt, wenn der Erblasser berechtigt war, die Aufhebung der Ehe zu beantragen, und den Antrag gestellt hatte. In diesen Fällen ist der Ehegatte nach Maßgabe der §§ 1569 bis 1586 b unterhaltsberechtigt.

Wieder viel Text, aber kurz gesagt: Ist die Ehe geschieden bzw. noch im Scheidungsprozess und wichtig, hatte der Erblasser die Scheidung beantragt, erbt der überlebende Ehegatte gar nichts, nicht einmal den Hausstand. Hat der noch lebende Ehegatte nach § 1569 Anspruch auf Unterhalt muss dieser vom Erben (nach § 1586 b - Kein Erlöschen bei Tod des Verpflichteten) als Nachlassverbindlichkeit gezahlt werden. Springen wir mal kurz ein paar Paragraphen vor, um über Nachlassverbindlichkeiten zu reden. Beim Erben geht es nicht immer nur darum „Geld absahnen", wie viele denken und was in meinen Augen für Habgier spricht, sondern hat auch etwas mit Pflichten des Erben zu tun, nämlich die Begleichung der Nachlassverbindlichkeiten:

§ 1967 Erbenhaftung, Nachlassverbindlichkeiten:

(1) Der Erbe haftet für die Nachlassverbindlichkeiten.

(2) Zu den Nachlassverbindlichkeiten gehören außer den vom Erblasser herrührenden Schulden die den Erben als solchen treffenden Verbindlichkeiten, insbesondere die Verbindlichkeiten aus Pflichtteilsansprüchen, Vermächtnissen und Auflagen.

Für die, die kein Kaufmännisch sprechen, das Wort „Verbindlichkeiten" steht gelinde gesagt für „Schulden". Eine Auflage ist nach dem Sinnbild des Gesetzes (§ 1940) eine Leistung zu dem der Erblasser durch Testament den Erben verpflichten kann. Es kann praktisch alles sein, dazu ein Beispiel:

> Der Verstorbene vererbt seinem Neffen sein Haus und sein Vermögen und macht ihm zur Auflage innerhalb eines Jahres eine Familie zu gründen, ansonsten geht das ganze Vermögen an eine gemeinnützige Stiftung.

Das ist zwar ausgedacht, aber ich habe schon von so ähnlichen, kuriosen Fällen gelesen. Letztendlich sind der Phantasie des Erblassers da kaum Grenzen gesetzt. Der Erbe haftet nach § 1968 für die Beerdigungskosten, was uns allen schon bekannt sein dürfte.

§ 1969 Dreißigster:

(1) Der Erbe ist verpflichtet, Familienangehörigen des Erblassers, die zur Zeit des Todes des Erblassers zu dessen Hausstand gehören und von ihm Unterhalt haben, in den ersten 30 Tagen nach dem Eintritt des Erbfalls in demselben Umfang, wie der Erblasser es getan hat, Unterhalt zu gewähren und die Benutzung der Wohnung und der Haushaltsgegenstände zu gestatten. Der Erblasser kann durch letztwillige Verfügung eine abweichende Anordnung treffen.

(2) Die Vorschriften über Vermächtnisse finden entsprechende Anwendung.

Ich denke der Paragraph ist auch jedem klar, wenn man ihn liest. Absatz 2 ist uns auch schon bekannt und muss hier nicht weiter erläutert werden. Bevor ich zur Verfügung (§ 1937), Enterbung (§ 1938) und dem Erbvertrag (§ 1941) komme, sprechen wir über den verwandten Ehegatten (z.B. 3. Grades), denn wenn der Ehegatte zu den Verwandten gehört, gilt folgender Paragraph:

> *§ 1934 Erbrecht des verwandten Ehegatten:*
>
> *Gehört der überlebende Ehegatte zu den erbberechtigten Verwandten, so erbt er zugleich als Verwandter. Der Erbteil, der ihm auf Grund der Verwandtschaft zufällt, gilt als besonderer Erbteil.*

Einige werden jetzt fragen: „Wie soll das denn gehen?" Nun ja in Deutschland ist es zwar lt. § 1307 (Verwandtschaft) verboten, dass eine Ehe zwischen Verwandten in gerader Linie geschlossen werden darf, das gilt auch für halb- bzw. Vollgeschwister. Dennoch kann eine Ehe unter Ausnahmefällen (entfernte Cousinen/Cousin aus noch entferntesten Graden) geschlossen werden und dafür gilt dieser Paragraf. Sollte der noch überlebende Ehegatte mit dem Verstorbenen verwandt sein, so erbt er auch als Verwandter.
Es geht aber noch komplizierter, denn wenn ein Miterbe vor oder nach dem Erbfall stirbt (z.B. das ungeborene Kind stirbt noch während der Schwangerschaft oder bei der Geburt oder ein Miterbe wird schwer Krank und stirbt), so ist der sich für einen anderen Erben erhöhte Erbteil, gesetzlich ein besonderer Erbteil (nach § 1935 Folgen der Erbteilserhöhung). Und nur weil ein Erbe stirbt, fällt nicht gleich dessen Erbteil weg. Im Grunde genommen kann man sich das wie ein Banküberfall im Film vorstellen. Die Diebe rauben die Bank aus und normalerweise wird die Beute zu gleichen Teilen unter ihnen aufgeteilt. Nun manche teilen nicht gern und einer der Bankräuber stirbt. Dann wird der Anteil der anderen etwas größer.
Nun genauso ist es im Erbrecht nicht immer, nur wenn für den Verstorbenen Erben kein Abkömmling oder sonstiger Nacherbe vorhanden ist, wird sein Anteil auf die anderen Aufgeteilt. Darüber reden wir später. Zurück zu den Erben. In der heutigen Zeit gibt es viele Obdachlose oder alleinlebende Menschen, die keine Verwandten mehr haben. Was ist mit denen, wenn sie sterben? Wer kümmert sich um deren Angelegenheiten und was passiert mit deren Wertgegenständen? Nun, wenn ein Mensch gestorben ist und kein Verwandter mehr auffindbar sein sollte, übernimmt

erstmal die Stadt bzw. das Nachlassgericht vor Ort. Sie suchen nach Erben, verwahren die Testamente oder sichern den Nachlass. Sollten keine Erben vorhanden sein, erbt das Land indem der Verstorbenen zuletzt gelebt hat z.B. NRW, ansonsten würde der Bund erben (§ 1936 Gesetzliches Erbrecht des Staates). Wie ich hörte, was äußerst selten der Fall ist.
Wer sich dazu entschließt einfach den Dingen seinen Lauf zu lassen, kann davon ausgehen, dass das gesetzliche Erbrecht zum Tragen kommt. Wer aber möchte, dass z.B. kein Verwandter erbt, nur sein Kind, das alles ein Freund bekommt oder wer seinen Lieblingsverein als Erben einsetzen möchte, sollte folgende Paragraphen kennen:

§ 1938 Enterbung ohne Erbeinsetzung:

Der Erblasser kann durch Testament einen Verwandten, den Ehegatten oder den Lebenspartner von der gesetzlichen Erbfolge ausschließen, ohne einen Erben einzusetzen.

Das hat bestimmt jeder schon mal gehört und ist auch schon oft geschehen. Egal ob der Erblasser es aus Wut, Missgunst oder einfach nur so möchte, spielt dabei keine Rolle. Er kann jeden aus der gesetzlichen Erbfolge ausschließen, was aber schriftlich festgehalten werden muss.

§ 1937 Erbeinsetzung durch letztwillige Verfügung:

Der Erblasser kann durch einseitige Verfügung von Todes wegen (Testament, letztwillige Verfügung) den Erben bestimmen.

§ 1941 Erbvertrag:

(1) Der Erblasser kann durch Vertrag einen Erben einsetzen, sowie Vermächtnisse und Auflagen anordnen sowie das anzuwendende Erbrecht wählen (Erbvertrag).

(2) Als Erbe (Vertragserbe) oder als Vermächtnisnehmer kann sowohl der andere Vertragsschließende als ein Dritter bedacht werden.

Genauso wie man jeden von dem gesetzlichen Erbe ausschließen kann, kann man Personen, die nicht unbedingt zu den Ordnungen gehören müssen, als Erben einsetzten. Das Tierheim, den Lieblingsfußballverein, den Nachbarn von nebenan, die Putzfrau usw.
Von dem letzten Willen bzw. dem Testament hat jeder schon mal gehört jedenfalls namentlich. Ich werde später näher darauf eingehen, genau wie auf den Erbvertrag, der den wenigsten geläufig sein wird – wo es Ihnen

wie mir gegangen ist, ich erfuhr erst dadurch das mein Opa einen aufgesetzt hat, dass es Erbverträge gibt.

Annahme und Ausschlagung des Erbes

Der Erbe hat das letzte Wort, was die Annahme oder die Ausschlagung des Erbes betrifft, denn bevor man ein Erbe annimmt sollte man sich darüber im Klaren sein, dass man nicht nur Rechte und Pflichten als Erbe übernimmt, sondern auch das man nicht nur Geld, Auto, Immobilien u.a. erben kann, sondern auch Hypothekenschulden bzw. Schulden im Allgemeinen. Was dann zu negativen Überraschungen führen kann.
Beispiel:
Eine Frau stirbt, sie hat kein Testament oder Erbvertrag hinterlassen, aber ein Haus und 50 € Bargeld. Die Tochter hatte jahrelang kein Kontakt und erfährt vom Nachlassgericht von dem Tod der Mutter. Sie wird gefragt, ob Sie das Erbe annimmt. Sie nimmt an, ohne zu zögern. Dann stellt sich heraus, dass ihre Mutter in ziemlich ärmlichen Verhältnissen gelebt hat. Von der Bank erfährt die Tochter, dass eine Hypothek (20.000 €) nicht bezahlt wurde für die sie jetzt aufkommen muss, da sie die rechtmäßige Erbin des Hauses ist. ...
Bevor Ihnen so etwas passiert, sollten wir uns mal die rechtliche Situation eines Erben etwas genauer ansehen.
Der Erbe hat nach § 1942 und § 1946 das Recht das Erbe auszuschlagen, hat er es jedoch angenommen, kann er es nicht mehr ausschlagen. Das muss klar sein, denn das ist wichtig. Der Erbe muss die Ausschlagung schriftlich beim Nachlassgericht einreichen, wobei das Beurkundungsgesetz zu beachten ist, auf das ich später genau eingehen werde (siehe S. 98). Für die Ausschlagung sind verschiedene Fristen angesetzt, die zu beachten sind, denn sonst hat man womöglich das Erbe angenommen ohne es zu wissen, obwohl man es eigentlich ausschlagen wollte. Wie es sich mit der Ausschlagefrist verhält, verrät uns der folgende Paragraf:

§ 1944 Ausschlagungsfrist:

(1) Die Ausschlagung kann nur binnen sechs Wochen erfolgen.

(2) Die Frist beginnt mit dem Zeitpunkt, in welchem der Erbe von dem Anfall und dem Grunde der Berufung Kenntnis erlangt. Ist der Erbe durch Verfügung von Todes wegen berufen, beginnt die Frist nicht vor Bekanntgabe. Der Verfügung von Todes wegen durch das Nachlassgericht. Auf den Lauf der Frist finden die für die Verjährung

geltenden Vorschriften der §§ 206, 210 entsprechende Anwendung.

(3) *Die Frist beträgt sechs Monate, wenn der Erblasser seinen letzten Wohnsitz nur im Ausland gehabt hat oder wenn sich der Erbe bei dem Beginn der Frist im Ausland aufhält.*

Sechs Wochen sind wirklich nicht viel Zeit, da sollte man die Zeit wirklich nutzen, um darüber nachzudenken, man sollte bedenken es ist wie die sprichwörtliche „Katze im Sack" zu kaufen, denn man kann nicht einfach zur Bank gehen und fragen, ob der Erblasser Schulden hatte. Da macht man erst einmal Bekanntschaft mit dem Datenschutzgesetz und der Tatsache, dass man kein Recht hat diese Fragen zu stellen bzw. eine Antwort zu erwarten, bevor man nicht Erbe ist, ein Zwiespalt.
Aber wenden wir uns lieber mal den zweiten Absatz zu, der nicht ganz so verständlich sein dürfte. Mit Anfall der Erbschaft ist praktisch gesehen der Beginn der Erbschaft gemeint ungeachtet davon, dass es einen Erben gibt. Oder anders formuliert, die Erbschaft beginnt mit dem Tod des Erblassers. Für den Erbe beginnt die Frist ab dem Zeitpunkt von dem der Erbe von der Erbschaft erfährt. Lebt der Erbe im Ausland oder lebte der Erblasser im Ausland, so hat der Erbe sechs Monate Zeit das Erbe anzunehmen oder auszuschlagen.
Jetzt wird es wieder komplizierter. Es gibt immer irgendwelche Neider, die nicht wollten das eine bestimmte Person erbt und für die wurde wohl folgender Paragraf aufgesetzt.

§ 1954 Anfechtungsfrist:

(1) *Ist die Annahme oder die Ausschlagung anfechtbar, so kann die Anfechtung nur binnen sechs Wochen erfolgen.*

(2) *die Frist beginnt im Falle der Anfechtbarkeit wegen Drohung mit dem Zeitpunkt, in welchem die Zwangslage aufhört, in den übrigen Fällen mit dem Zeitpunkt, in welchem der Anfechtungsberechtigte von dem Anfechtungsgrund Kenntnis erlangt. Auf den Lauf der Frist finden die für die Verjährung geltenden Vorschriften der §§ 206, 210, 211 entsprechende Anwendung.*

(3) *Die Frist beträgt sechs Monate, wenn der Erblasser seinen letzten Wohnsitz nur im Ausland gehabt hat oder wenn sich der Erbe bei dem Beginn der Frist im Ausland aufhält.*

(4) *Die Anfechtung ist ausgeschlossen, wenn seit der Annahme oder der Ausschlagung 30 Jahre verstrichen sind.*

Alles schon mal gehört, nur dass es jetzt um die Anfechtung geht, ansonsten alles wie bei der Ausschlagung. In den Paragrafen §§ 206, 210 und 211 ist vermerkt, dass der Beginn einer Verjährung erst nach dem Ablauf von sechs Monaten eintritt. Natürlich muss auch diese dem Nachlassgericht zugeführt werden, genau in der gleichen Weise, wie bei der Ausschlagung.
Bis der Erbe das Erbe angenommen hat bzw. bei unbekanntem Erbe, muss sich das Nachlassgericht um die Verwaltung bzw. die Sicherung des Nachlasses kümmern. Dabei hat das Nachlassgericht die Möglichkeit z.B. am Haus Siegel anzubringen; Geld sicher zu verwahren, genau wie Wertpapiere und z.B. die ordnungsgemäße Lagerung von Kunstgegenständen anordnen; und ein Nachlassverzeichnis erstellen zu lassen nach § 1960.
Sollte der einzige Erbe das Erbe ausschlagen oder kein Erbe gefunden werden, erbt der Fiskus (der Staat) den Nachlass (§§ 1964-1966).

Der Erbe verzichtet

Was das für Folgen hat, auf sein Erbe zu verzichten, muss einem klar sein und deshalb und als zusätzliche Entscheidungshilfe schauen wir uns das mal im Gesetz an.

> *§ 2346 Wirkung des Erbverzichts, Beschränkungsmöglichkeit:*
>
> *(1) Verwandte sowie der Ehegatte des Erblassers können durch Vertrag mit dem Erblasser auf ihr gesetzliches Erbrecht verzichten. Der Verzichtende ist von der gesetzlichen Erbfolge ausgeschlossen, wie wenn er zur Zeit des Erbfalls nicht mehr lebte; er hat kein Pflichtteilsrecht.*
>
> *(2) Der Verzicht kann auf das Pflichtteilsrecht beschränkt werden.*

So nun haben wir es schwarz auf weiß, raus ist raus, und zwar endgültig. Oder doch nicht? Wenn ein Verwandter sich von vornherein vom Erbe ausschließen lassen möchte, z.B. damit sein Abkömmling erbt, ist er wirklich komplett raus, wie im ersten Absatz beschrieben. Dennoch gibt es ein kleines Schlupfloch, der Erbe bekommt zwar nicht mehr das ganze Erbe, kann aber einen Teil davon bekommen, den s.g. Pflichtteil. Ich werde später genauer darauf eingehen, nur so viel vorweg, der Pflichtteil ist ein mindestens um die Hälfte kleinerer Teil als das ganze Erbe bzw. des Erbanteils des Gesamterbes. Der Verzicht muss natürlich notariell

erfolgen, einfach sagen: „Ich verzichte.", ist nicht! Aber auch das sollte man sich gut überlegen, denn der Gedanke zu verzichten, damit das eigene Kind das Erbe bekommt hat einen Haken, nämlich Paragraf § 2349 (Erstreckung auf Abkömmlinge). Bedeutet, wenn der Vater verzichtet, sind auch die Abkömmlinge ausgeschlossen! (1)
Tja der Ritterlichkeit zum Trotz, das war ja dann wohl nichts!
Aber natürlich gibt es auch hier ein Schlupfloch, sollte der Erblasser in seinem Testament oder Erbvertrag festgelegt haben, dass wenn sein Abkömmling (Sohn oder Tochter) auf das Erbe verzichtet, der Enkel oder die Enkelin nicht ausgeschlossen werden darf, dann kann man getrost seine Entscheidung fällen, ohne das es Konsequenzen für die Sprösslinge hat.
Vorsicht, kompliziert. Etwas anders wäre es, wenn der Abkömmling absichtlich auf das Erbe verzichtete, damit weitere Abkömmlinge (seine Brüder oder Schwestern) oder der noch lebende Ehepartner des Erblassers, erben. Das wäre nach § 2350 „Verzicht zugunsten eines anderen", und nur möglich, wenn der andere dann automatisch erben würde. (2)
Beispiel:
Zu (1): Der Erblasser stirbt und hinterlässt einen Sohn, der allein erbt. Nun der Sohn hat zu Lebzeiten schon auf das Erbe verzichtet. Mittlerweile hat der Sohn drei Kinder. Da er verzichtet hat, sind seine drei Kinder als Erben ausgeschlossen. Im Erbvertrag findet sich eine Änderung des Erblassers, der nachdem er von der Geburt des ersten Kindes erfahren hat, in seinem Erbvertrag hat eintragen lasssen: „All mein Vermächtnis geht auf meine Enkel über." Somit erben die drei Kinder.
Zu (2): Der Erblasser stirbt und hinterlässt seine Frau und zwei erwachsene Kinder. Kind 1 schlägt das Erbe aus. Somit erben die noch lebende Ehefrau und Kind 2 den Anteil von Kind 1.
Es geht auch noch komplizierter, deshalb bitte ich Sie einen Fachanwalt für Erbrecht zu Rate zu ziehen, um sicher zu gehen!
Man kann im Grunde genommen auf alles verzichten, was mit dem Erbe zu tun hat, somit auch auf Zuwendungen, wie folgt:

> *§ 2352 Verzicht auf Zuwendungen:*
>
> *Wer durch Testament als Erbe eingesetzt oder mit einem Vermächtnis bedacht ist, kann durch Vertrag mit dem Erblasser auf die Zuwendung verzichten. Das Gleiche gilt für eine Zuwendung, die in einem Erbvertrag einem Dritten gemacht ist. Die Vorschriften des §§ 2347 bis 2349 finden Anwendung.*

Zuwendungen können sowohl aus Geld oder aus Gegenständen bestehen, das ist jedem selbst überlassen. Zum dritten Satz bzgl. des § 2347 (Persönliche Anforderungen, Vertretung), ist nur zu sagen, dass der Verzichtende nach Absatz 1 selbst den Verzicht erklären muss oder wenn er z.B. nicht geschäftsfähig ist, durch den gesetzlichen Vertreter. Nach Absatz 2 ist auch nur der Erblasser dazu berechtigt den Vertrag zu schließen, bzw. sein gesetzlichen Vertreter, sollte er nicht geschäftsfähig sein. Ein Grund dafür, dass man schon früh daran denken sollte, alle seine Angelegenheiten zu regeln, so dass es in Ihrem Sinne geschieht.
Dann möchte ich, weil wahrscheinlich jeder, auch Sie noch nie etwas von dem Begriff „Erbunwürdigkeit" gehört haben, näher darauf eingehen, denn es ist sehr wichtig.

Erbunwürdigkeit - Was ist das?

Es mag sich harmlos anhören: „Du bist unwürdig!", ist es aber nicht. Denn Erbunwürdig wird man nicht dadurch, dass der Erblasser einen vom Erbe ausschließt. Erbunwürdigkeit hat auch nichts mit dem Alter, der Herkunft oder der Religion zu tun, geschweige denn ob man gemocht wird oder nicht. Nein, erbunwürdig wird man, wenn es kriminell wird und zwar im wahrsten Sinne des Wortes. Sie können sich immer noch nichts drunter vorstellen vermute ich, deshalb hier ein paar Hinweise für Erbunwürdigkeit:

- Die hat ihren Mann die Treppe runtergeschupst. Die hat's nur auf sein Geld abgesehen.
- Er hat sie vergiftet, nur um die Lebensversicherung zu kassieren.
- Oder der sprichwörtliche Fön in der Badewanne.

Das sind hier alles ausgedachte Beispiele und nicht zur Nachahmung empfohlen! In Filmen wird einem da so einiges geboten. Fakt ist es geht immer nach hinten los. Der Mord wird aufgedeckt, wobei der Fön in der Wanne schon für sich spricht und der Täter hat am Ende nichts von dem was er Erben wollte. Und da trifft die Fiktion auf die Realität. Ich möchte Ihnen hier keine Angst machen und wenn doch entschuldige ich mich dafür, es geht nur darum zu wissen, dass Erbunwürdig zu sein, ein Verbrechen ist, wie Sie an folgendem Paragrafen erkennen:

§ 2339 Gründe für Erbunwürdigkeit:

(1) Erbunwürdig ist:

1. Wer den Erblasser vorsätzlich und widerrechtlich getötet oder zu töten versucht oder in einem Zustand versetzt hat, infolge dessen der Erblasser bis zu seinem Tode unfähig war, eine Verfügung von Todes wegen zu errichten oder aufzuheben,

2. Wer den Erblasser vorsätzlich und widerrechtlich verhindert hat, eine Verfügung von Todes wegen zu errichten oder aufzuheben,

3. Wer den Erblasser durch arglistige Täuschung oder widerrechtlich durch Drohung bestimmt hat, eine Verfügung von Todes wegen zu errichten oder aufzuheben,

4. Wer sich in Ansehung einer Verfügung des Erblassers von Todes wegen einer Straftat nach den §§ 267, 271 bis 274 des Strafgesetzbuches schuldig gemacht hat.

(2) Die Erbunwürdigkeit tritt in den Fällen des Absatzes 1 Nr. 3, 4 nicht ein, wenn vor dem Eintritt des Erbfalls die Verfügung, zu deren Errichtung der Erblasser bestimmt oder in Ansehung deren die Straftat begangen worden ist, unwirksam geworden ist, oder die Verfügung, zu deren Aufhebung er bestimmt worden ist, unwirksam geworden sein würde.

Absatz 1 erklärt sich quasi von selbst, bis auf Nr. 4. Hier werden, benannt durch die Paragrafen § 267, 271-274 des StGB, weitere Straftaten aufgezählt, wie Urkundenfälschung (Erstellung einer falschen Urkunde u.a.), Falschbeurkundung (öffentliche Urkunden - z.B. Geburtsurkunde), Ausweisfälschung und Urkundenunterdrückung (Urkundenunterschlagung um sich einen Vorteil zu verschaffen - z.B. das verschwundene Testament). Alles keine guten Ideen, um sich ein Erbe anzueignen, weil die Person nicht nur nichts bekommen, sondern auch mit Geld- oder Freiheitsstrafen, zwischen sechs Monaten bis zu fünf Jahren oder je nach Vergehen sogar bis zu zehn Jahren, rechnen müssen.

§ 2345 Vermächtnisunwürdigkeit; Pflichtteilsunwürdigkeit:

(1) Hat sich ein Vermächtnisnehmer einer der in § 2339 Abs. 1 bezeichneten Verfehlungen schuldig gemacht, so ist der

Anspruch aus dem Vermächtnis anfechtbar. Die Vorschriften der §§ 2082, 2083, 2339 Abs. 2 und der §§ 2341, 2343 finden Anwendung.

(2) Das Gleiche gilt für einen Pflichtteilsanspruch, wenn der Pflichtteilsberechtigte sich einer solchen Verfehlung schuldig gemacht hat.

Wie man hier sieht, kann man nicht nur Erbunwürdig, sondern auch Vermächtnis- oder Pflichtteilsunwürdig werden. Demnach gilt das Gleiche, wie bei der Erbunwürdigkeit. Aber jetzt nicht verwechseln, anfechtbar ist es nicht für den Vermächtnisnehmer bzw. den Vermächtnisunwürdigen, sondern für den Erben. Sollte sich der Vermächtnisnehmer durch die im § 2339 Abs. 1 genannten „Verfehlungen" strafbar gemacht haben, wird er zum Vermächtnisunwürdigen, bedeutet der Erbe muss ihm dann das Vermächtnis nicht auszahlen bzw. übergeben. Der Vermächtnisunwürdige verliert seinen Anspruch.
Der Erbe kann binnen einer Frist von einem Jahr (§ 2082 Anfechtungsfrist) ab dem Zeitpunkt, wo er von dem Anfechtungsgrund erfährt, die Übergabe des Vermächtnis an den Vermächtnisunwürdigen anfechten (Abs. 1, 2). So lange hat der Erbe das Recht die Übergabe zu verweigern (§ 2083 Anfechtbarkeitseinrede). Allerdings gilt die Anfechtung nicht mehr, wenn seit dem Erbfall 30 Jahre verstrichen sind (§ 2082 Abs. 3). Das gleiche gilt für den Pflichtteilsberechtigen, der zum Pflichtteilsunwürdigen wird.
Bevor ich auf die Paragrafen §§ 2341, 2343 eingehe, schauen wir uns erstmal an, wie man eine Anfechtung einreicht.

§ 2342 Anfechtungsklage:

(1) Die Anfechtung erfolgt durch Erhebung der Anfechtungsklage. Die Klage ist darauf zu richten, dass der Erbe für erbunwürdig erklärt wird.

(2) Die Wirkung der Anfechtung tritt erst mit der Rechtskraft des Urteils ein.

Trotzdem darf der Erbe das Vermächtnis bzw. den Pflichtteil zurückhalten, wie oben beschrieben. Mit dem Urteil ist der Anspruch für den Pflichtteilsunwürdigen und den Vermächtnisunwürdigen endgültig.

§ 2341 Anfechtungsberechtigte:

Anfechtungsberechtigt ist jeder, dem der Wegfall des Erbunwürdigen, sei es auch nur bei dem Wegfall eines anderen, zustatten kommt.

§ 2343 Verzeihung:

Die Anfechtung ist ausgeschlossen, wenn der Erblasser dem Erbunwürdigen verziehen hat.

Anfechtungsberechtigt, sind z.B. Erben, wie oben schon erwähnt. Anfechten kann aber ansonsten jeder der vom Erbe ausgeschlossen wurde oder der sich ungerecht behandelt fühlt, weil er nicht bedacht wurde. Ob das Gericht dem Zustimmt, ist eine andere Frage und muss dann von einem Richter geklärt werden. Der Erblasser indes hat die Möglichkeit die Erbunwürdigkeit zu verhindern, wenn er sprichwörtlich mit dem Leben noch mal davongekommen ist. Voraussetzung in meinen Augen wäre, mindestens eine Entschuldigung des Erbunwürdigen.
Wenn das Gericht dem Erbunwürdigen durch die Erbunwürdigkeitserklärung rechtmäßig für Erbunwürdig erklärt hat, hat das folgende Auswirkungen auf die Person:

§ 2344 Wirkung der Erbunwürdigkeitserklärung:

(1) Ist ein Erbe für erbunwürdig erklärt, so gilt der Anfall an ihn als nicht erfolgt.

(2) Die Erbschaft fällt demjenigen an, welcher berufen sein würde, wenn der Erbunwürdige zur Zeit des Erbfalls nicht gelebt hätte; der Anfall gilt als mit dem Eintritt des Erbfalls erfolgt.

„Anfall" bedeutet hier den Anfall des Erbes oder weniger juristisch, den Zeitpunkt an dem der Erbe, Erbe geworden wäre. Der zweite Absatz macht die Sache noch klarer. Es wird so verfahren, als wenn der Erbunwürdige gar nicht leben würde, so geht das Erbe an denjenigen der als nächstes an der Reihe wäre.

Erbschaftsanspruch

Hat man das Erbe angenommen, hat man einen Anspruch darauf es zu erhalten, im Klartext: auf Herausgabe des Erbes. Leider passiert es heute noch, dass es skrupellose Menschen gibt, die meinen ihnen würde alles bzw. ein Teil des Erbes gehören, obwohl sie weder gesetzliche Erben, noch gab es ein Testament oder Erbvertrag in dem sie bedacht wurde. Deswegen schauen wir uns die Paragrafen dazu aus dem BGB etwas genauer an, denn das ist wichtig für den Erben bzw. für sie als Erben zu wissen. Beginnen wir mit der Herausgabepflicht:

> *§ 2018 Herausgabepflicht des Erbschaftsbesitzers:*
>
> *Der Erbe kann von jedem, der auf Grund eines ihm in Wirklichkeit nicht zustehendem Erbrechts etwas aus der Erbschaft erlangt hat (Erbschaftsbesitzer), die Herausgabe des Erlangten verlangen.*
>
> *§ 2021 Herausgabepflicht nach Bereicherungsgrundsätzen:*
>
> *Soweit der Erbschaftsbesitzer zur Herausgabe außerstande ist, bestimmt sich seine Verpflichtung nach den Vorschriften über die Herausgabe einer ungerechtfertigten Bereicherung.*

Erbschaftsbesitzer hört sich so erhaben an, in Wirklichkeit eine nette Umschreibung für einen Dieb. Bei dem Paragrafen § 2018 gilt eine Verjährungsfrist von 30 Jahren (s.a. BGB § 197 Abs. 1, Nr. 2). Nach dem Paragrafen § 2021 gelten die Gesetzte des § 812 und § 816 BGB für eine ungerechtfertigte Bereicherung, die im Grunde genommen das widergeben, was in § 2018 steht. Aber das ist noch nicht alles, der Erbschaftsbesitzer muss nicht nur die Gegenstände wieder zurückgeben, auch die Früchte des Erbes. Was versteht man unter Früchte? Wenn es um eine Obstplantage geht und der Erbschaftsbesitzer aus dem Obst Saft gemacht und ihn verkauft hat, muss er die Erlöse dem Erben auszahlen. Da „die Früchte" nicht immer wirklich für Früchte stehen, dürfte klar sein. Damit ist im Allgemeinen gemeint, dass wenn der Erbschaftsbesitzer z.B. aus Aktien, Wertpapieren oder Verkäufen (wie in unserem Beispiel) aus dem Nachlass, Geld erwirtschaftet hat oder er mit dem Geld aus dem Nachlass Rechtsgeschäfte durchführt, auch diese dem Erben aushändigen muss (s.a. §§ 2019, 2020, 2022). Apropos Rechtsgeschäfte, sollte der Erbschaftsbesitzer mit der Person, der er einen Teil der Erbschaft verkauft, einen Vertrag aufsetzen, so ist der Vertragsunterzeichner gleichzusetzten mit einem Erbschaftsbesitzer. Sprich dieser haftet genauso gegenüber dem Erben, wie der erste (§ 2030). Natürlich haftet der Erbschaftsbesitzer in vollem Maße, was wir uns gleich etwas genauer anschauen werden, aber erstmal wäre noch wichtig zu erwähnen, dass der Erbschaftsbesitzer gegenüber dem Erben auch eine Auskunftspflicht hat, die es nicht zu ignorieren gilt. Er muss ihm nicht nur über den Zustand des Nachlasses, sondern auch über deren Verbleib Auskunft erteilen, selbst wenn der

Erbschaftsbesitzer sich nur einen Teil aus dem Erbe genommen hat (§ 2027).

> *§ 2023 Haftung bei Rechtshängigkeit, Nutzungen und Verwendungen:*
>
> *(1) Hat der Erbschaftsbesitzer zur Erbschaft gehörende Sachen herauszugeben, so bestimmt sich von dem Eintritt der Rechtshängigkeit an der Anspruch des Erben auf Schadenersatz wegen Verschlechterung, Untergangs oder einer aus einem anderen Grund eintretenden Unmöglichkeit der Herausgabe nach den Vorschriften, die für das Verhältnis zwischen dem Eigentümer und dem Besitzer von dem Eintritt der Rechtshängigkeit des Eigentumsanspruches an gelten.*
>
> *(2) Das Gleiche gilt von dem Anspruch des Erben auf Herausgabe oder Vergütung von Nutzungen und von dem Anspruch des Erbschaftsbesitzers aus Ersatz von Verwendungen.*

Egal was mit dem Gegenstand oder dem Nachlass passiert ist, der Erbe hat einen Anspruch auf Schadenersatz nach § 823 des BGB. Der Erbschaftsbesitzer kann sich nicht darauf berufen, er hätte es nicht gewusst (§ 2024). Genauso wenig, wenn er etwas aus dem Nachlass gestohlen hat.

<u>Ein Beispiel für einen Erbschaftsbesitzer mit einer Vollmacht:</u>
Ein Mann erteilt seiner Lebensgefährtin eine Vollmacht von seinem Sparbuch, die übrigens über den Tod hinaus gilt. Die Lebensgefährtin holt nach dem Tod des Erblassers Geld vom Sparbuch ab, obwohl das Paar seit über einem Jahr vor dem Tod des Mannes schon getrennt war (nicht verheiratet!).

Wie beläuft sich jetzt die Situation?
Sie ist ein Erbschaftsbesitzer ganz klar, sie ist ja keine Erbin.

Wie handhabt es sich mit der Vollmacht, die über den Tod hinausgeht?
Eine Vollmacht ist bekanntermaßen eine Willenserklärung die man gegenüber einem anderen oder einem Dritten abgibt (s.a. § 164 ff).
Es gelten für die Vollmacht noch andere Gesetzestexte, nämlich die des § 662 ff. Wenn man eine Vollmacht erteilt, so erteilt man rechtlich gesehen dem anderen einen Auftrag, d.h. ich erteile eine Vollmacht, damit die

Person (Bevollmächtigte in meinem Namen z.B. Geld vom Konto holen kann, wenn ich durch einen Krankenhausaufenthalt dazu nicht in der Lage bin.
In unserem Beispiel ist der Mann der Auftraggeber und die Lebensgefährtin die Beauftragte, nur um den Paragrafen schon mal vorzugreifen. In unserem Fall besteht der Auftrag darin, dass sie in seinem Namen sein Geld vom Sparbuch holen darf, auch nach seinem Tod.

> *§ 672 Tod oder Geschäftsunfähigkeit des Auftraggebers:*
>
> *Der Auftrag erlischt im Zweifel nicht durch den Tod oder den Eintritt der Geschäftsunfähigkeit des Auftraggebers. Erlischt der Auftrag, so hat der Beauftragte, wenn mit dem Aufschub Gefahr verbunden ist, die Besorgung des übertragenen Geschäfts fortzusetzen, bis der Erbe oder der gesetzliche Vertreter des Auftraggebers anderweit Fürsorge treffen kann; der Auftrag gilt insoweit als bestehend.*

Klingt erst mal so, als könne man als Erbe nur zusehen, wie die Dame das Sparbuch abräumt. In unserem Fall wusste der Erbe gar nicht, dass die Ex-Lebensgefährtin im Besitz des Sparbuches war, was eine Rücknahme des Auftrages verhinderte (wollte sie ja scheinbar nicht). Dass es eine Beschränkung gibt die nicht nur über den Tod der Erblassers hinausgeht, sondern auch schon zu seinen Lebzeiten gilt, wusste wohl die Ex-Lebensgefährtin nicht.

> *§ 667 Herausgabepflicht:*
>
> *Der Beauftragte ist verpflichtet, dem Auftraggeber alles, was er zur Ausführung des Auftrages erhält und was er aus der Geschäftsbesorgung erlangt, herauszugeben.*

So die Dame, die wir so langsam doch wieder bei ihrem richtigen Namen nennen können, nämlich Erbschaftsbesitzerin (auch wenn es im Gesetz die weibliche Form nicht gibt) darf das Geld gar nicht behalten, sondern nur abzuholen und dem Auftraggeber auszuhändigen. Und jetzt können wir uns getrost dem Erben zuwenden, der jetzt nach dem Tod des Erblassers das Recht hat, die Herausgabe des Geldes von der Erbschaftsbesitzerin zu verlangen.
Behält nämlich die Erbschaftsbesitzerin das Geld für sich, so ist der Erbe berechtigt ab dem Zeitpunkt wo sie das Geld abgeholt hat, dieses zu verzinsen gemäß § 668. Natürlich kann der Erbe auch hier Schadenersatz

fordern. Und die Moral von der Geschicht, geldgierige Menschen gewinnen nicht!
Bevor ich auf die Haftung der Erben zu sprechen komme, möchte ich erstmal über die Erbengemeinschaft sprechen, denn bis jetzt sind wir immer nur von einem Erben ausgegangen. Was aber, wenn es mehrere Erben gibt?

Die Erbengemeinschaft § 2032 BGB

Es kann verschiedene Gründe geben, warum es mehrere Erben gibt, meistens handelt es sich um mindestens zwei Geschwister, die eine Erbengemeinschaft bilden. Natürlich gibt es da die viele Auseinandersetzungen zwischen den Erben, als wenn nur einer alleine erbt. Vor allen wenn sich die Geschwister untereinander spinne Feind sind. Das Problem ist einfach, dass in einer Erbengemeinschaft nicht einfach jeder machen kann, was er möchte. Was wir uns nun etwas genauer anschauen werden. Die Aufteilung des Nachlasses geschieht, in der Regel, immer zu gleichen Teilen, außer der Erblasser hat etwas anderes bestimmt. Sind Immobilien im Nachlass enthalten, so sind alle Erben gemeinsam als Erbengemeinschaft die Eigentümer der Immobilie bzw. der Immobilien. Genau dasselbe gilt für die Verwaltung des Nachlasses, dies obliegt allen Erben als Erbengemeinschaft zusammen (s.a. § 2038). Jeder Erbe hat das Recht über seinen Anteil frei zu verfügen. Aber Vorsicht, sollte es sich dabei um einen Gegenstand aus dem Nachlass handeln, darf der Einzelne diesen weder verkaufen noch allein darüber verfügen (§ 2040, § 2033). Wo wir schon beim Verkaufen sind, sollte ein Erbe aus der Erbengemeinschaft einen seiner Anteile verkaufen wollen, so haben die anderen Miterben der Erbengemeinschaft ein Vorkaufsrecht, d.h. der Erbe kann seinen Anteil erst an einen anderen (Dritten) verkaufen, wenn alle anderen Erben aus der Erbengemeinschaft den Anteil ausgeschlagen haben (s.a. § 2034, § 2035).
Man sieht zu einer Erbengemeinschaft zu gehören, ist nicht einfach. Sollte ein Nachlassgegenstand oder etwas anderes aus dem Nachlass beschädigt, veräußert oder gar zerstört werden, so ist § 2019 Abs. 2 zu beachten (Ersatz des beschädigten Gegenstandes u.a.). Die Erbengemeinschaft muss, sollte es Nachlassverbindlichkeiten geben, diese erst begleichen, sprich z.B. eine Hypothek abbezahlen, bevor sie den Nachlass veräußern. Übrigens gilt das auch für die Beerdigungskosten, die gehören auch zu den Nachlassverbindlichkeiten!

Die Nachlassverwaltung obliegt auch allen Mitgliedern der Erbengemeinschaft gemeinsam, selbst der Antrag beim Nachlassgericht muss von allen akzeptiert werden (§ 2062). Eine Ausnahme gibt es, ein Miterbe allein kann sich um die Auflistung der Nachlassgegenstände kümmern, dass müssen nicht alle zusammen machen.
Man stelle sich nun eine Erbengemeinschaft vor, die z.B. Immobilien aus dem Nachlass verwaltet. Das wollen die ja nicht ewig tun. Wir wissen alle, selbst wenn man sich seit Jahren nicht gesehen hat, kommt man bei einer Beerdigung zusammen. Je nachdem wann die Beerdigung ist, wohnt der eine vielleicht in einem anderen Bundesland oder sogar auf einem anderen Kontinent. Irgendwann müssen sich alle an einen Tisch setzen und über die Auflösung des Nachlasses z.B. durch verkaufen nachdenken. Was aber, wenn der Erblasser durch Verfügung einzelne Gegenstände von der Veräußerung ausgeschlossen hat? Aus Respekt vor dem Erblasser sollte man seinen letzten Willen beachte. Oder der Erblasser hat durch letztwillige Verfügung erwirkt, dass die Aufteilung durch ein Gericht stattfinden soll, eben damit es keine Streitigkeiten unter der Erbengemeinschaft gibt (s.a. § 2047).
Selbst der Erblasser kann Streitigkeiten nicht verhindern, besonders nicht, wenn er verstorben ist und Einigkeit gibt es selten unter Geschwistern oder einer Erbengemeinschaft.

Berechnung des Erbanteils

Ein weiteres Problem kann entstehen, wenn einer der Erben z.B. noch zu Hause gelebt hat, weil er z.B. als Student das Studium vom Erblasser bezahlt bekommen hat. Jetzt wo der Erblasser verstorben ist, gehören die Studiengebühren bzw. alles was der Erblasser für das Studium bezahlt hat, zum Nachlass. Das gilt nicht nur für Auslagen zum Studium, sondern auch alles andere was der ein oder andere vom Erblasser zu Lebzeiten erhalten hat, wie z.B. Schenkungen (§ 2050). Sollte ein Erbe vor oder nach dem Erbfall sterben, übernimmt der Abkömmling deren Aufgaben und ist den anderen Erben zur Auskunft verpflichtet, was zugegebenermaßen nicht immer leicht ist.

> *§ 2057 Auskunftspflicht:*
>
> *Jeder Miterbe ist verpflichtet, den übrigen Erben auf Verlangen Auskunft über die Zuwendungen zu erteilen, die er nach den §§ 2050 bis 2053 zur Ausgleichung zu bringen hat. Die Vorschriften der §§ 260, 261 über die Verpflichtung zur Abgabe einer eiderstattlichen Versicherung finden entsprechende Anwendung.*

Sie sehen, das Gesetz meint es todernst, wenn schon die Rede von einer eiderstattlichen Versicherung ist. In den Paragrafen § 2050 bis 2053 geht es um die Auskunftspflicht eines Abkömmlings gegenüber der Erbengemeinschaft bzw. selbst und auch vor allem dann, wenn er selbst Teil der Erbengemeinschaft ist. Was passiert jetzt, wenn alle Zahlen zusammengekommen sind? Dann beginnt die Aufteilung des Nachlasses, wie genau schauen wir uns an, damit sie rechtlich immer auf der sicheren Seite sind.

§ 2055 Durchführung der Ausgleichung:

(1) Bei der Auseinandersetzung wird jedem Miterben der Wert der Zuwendung, die er zur Ausgleichung zu bringen hat, auf seinen Erbteil angerechnet. Der Wert der sämtlichen Zuwendungen, die zur Ausgleichung zu bringen sind, wird dem Nachlass hinzugerechnet, soweit dieser den Miterben zukommt, unter denen die Ausgleichung stattfindet.

(2) Der Wert bestimmt sich nach der Zeit, zu der die Zuwendung erfolgt ist.

Auf die Schenkung werde ich im Zuge des Pflichtteils genauer eingehen. Die Schenkungen werden im ersten Jahr vor dem Tod des Erblassers im vollem Umfang angerechnet, alle weiteren Jahre, werden jeweils um 1/10 weniger berücksichtigt (§ 2325 Abs. 3). Und alles was über zehn Jahr her ist, wird überhaupt nicht mehr berücksichtigt.
Nehmen wir uns dazu mal ein Beispiel zur Hand.

	Erbanteil	Zuwendung	Neuer Erbanteil	Auszahlung
Erbe 1	20.000	10.000	27.500	+17.500
Erbe 2	20.000	5.000	27.500	+22.500

Einfachheit halber sind die Schenkungen in dem Jahr bevor der Erblasser gestorben ist erfolgt, wobei sie dann im vollen Umfang angerechnet werden. Das Gesamterbe beträgt: **40.000 €.**

Erbe 1 hatte vom Erblasser eine Zuwendung von 10.000 € und
Erbe 2, 5.000 € bekommen.
Da die Zuwendungen auf den Erbteil angerechnet werden, ergibt sich eine neue Summe des Gesamterbes von **55.000 €**. Weil die Summe zu gleichen Teilen aufgeteilt wird, würde jeder Erbe 27.500 € erhalten.

Da Erbe 1 eine Zuwendung von 10.000 € erhalten hatte, wird diese von den 27.500 € abgezogen und somit beläuft sich sein Erbanteil nun auf **17.500 €**.

Bei Erbe 2 ist es genauso und so beläuft sich dessen Erbanteil auf **22.500 €** In der Gesamtsumme entspricht das wieder dem Gesamterbe von 40.000 €.

Erbe 2 hat also 2.500 € mehr erhalten, als ursprünglich vorgesehen (27.500 € - 5.000 € - 20.000 € = 2.500 €). Erbe 1 hingegen wird darüber nicht erfreut sein und von Erbe 2 die 2.500 € zurückverlangen.

Oder geht das nicht? Nein, denn auch hierfür hat das BGB eine Lösung parat.

> *§ 2056 Mehrempfang:*
>
> *Hat ein Miterbe durch die Zuwendung mehr erhalten, als ihm bei der Auseinandersetzung zukommen würde, so ist er zur Herauszahlung des Mehrbetrags nicht verpflichtet. Der Nachlass wird in einem solchen Falle unter den übrigen Erben in der Weise geteilt, dass der Wert der Zuwendung und der Erbteil des Miterben außer Ansatz bleiben.*

Wir sehen das Gesetz ist auf der Seite von Erbe 2.
Ein Beispiel:
Es gibt dieses Mal drei Erben. Das Gesamterbe beträgt: 60.000 €. Normalerweise würde jeder Erbe 20.000 € erhalten, da unser Erbe 3, aber eine Zuwendung in Höhe von **30.000 €** erhalten hatte, bekommt er kein Geld. Warum? Nun in unserem Bespiel haben Erbe 1 und Erbe 2 keine Zuwendungen erhalten, daher wird nur die Zuwendung von Erbe 3 angerechnet:

60.000 € + 30.000 € = **90.000 €** (neues Gesamterbe)

Die Erbanteile belaufen sich dann auf je **30.000 €** pro Erbe. So erhalten Erbe 1 und Erbe 2 jeweils 30.000 € und Erbe 3 geht in dem Fall leer aus.

Genauso einfach ist es im wahren Leben natürlich nicht, das hier dient nur zum Verständnis und sollte nicht als Vorbild genommen werden, deshalb gehen Sie bitte zu einem Fachanwalt für Erbrecht, wenn es soweit kommen sollte. Nicht selber anfangen zu rechnen!

Pflege des Erblassers vor seinem Tod von einem Familienmitglied

Anders sieht es aus, wenn einer der Erben aus der Erbengemeinschaft z.B. den Erblasser in den letzten Jahren oder Monaten vor seinem Tod gepflegt hat, was auch häufig vorkommt und wo es sehr oft zu Streitigkeiten kommt. Für die ist folgender Paragraf besonders wichtig.

> *§ 2057 a Ausgleichspflicht bei besonderen Leistungen eines Abkömmlings:*
>
> *(1) Ein Abkömmling, der durch Mitarbeit im Haushalt, Beruf oder Geschäft des Erblassers während längerer Zeit, durch erhebliche Geldleistungen oder in anderer Weise in besonderem Maße dazu beigetragen hat, dass das Vermögen des Erblassers erhalten oder vermehrt wurde, kann bei der Auseinandersetzung eine Ausgleichung unter den Abkömmlingen verlangen, die mit ihm als gesetzliche Erben zur Erbfolge gelangen; § 2052 gilt entsprechend. Dies gilt auch für einen Abkömmling, der den Erblasser während längerer Zeit gepflegt hat.*
>
> *(2) Eine Ausgleichung kann nicht verlangt werden, wenn für die Leistungen ein angemessenes Entgelt gewährt oder vereinbart worden ist oder soweit dem Abkömmling wegen seiner Leistungen ein Anspruch aus anderem Rechtsgrund zusteht. Der Ausgleichspflicht steht es nicht entgegen, wenn die Leistungen nach den §§ 1619, 1620 erbracht worden sind.*
>
> *(3) Die Ausgleichung ist so zu bemessen, wie es mit Rücksicht auf die Dauer und den Umfang der Leistungen und auf den Wert des Nachlasses der Billigkeit entspricht.*
>
> *(4) Bei der Auseinandersetzung wird der Ausgleichungsbetrag dem Erbteil des ausgleichsberechtigten Miterben hinzugerechnet. Sämtliche Ausgleichsbeträge werden vom Werte des Nachlasses abgezogen, soweit dieser den Miterben zukommt, unter denen die Ausgleichung stattfindet.*

Der Pfleger, wenn es ein Abkömmling des Erblassers ist, kann einen Ausgleich von den anderen Erben verlangen, aber nur wenn er in der Zeit wo der den Erblasser gepflegt hat kein Geld dafür erhalten hat! Satz 2 im selben Absatz bezieht sich auf ein Elternrecht, welches die Erziehung der Kinder für einige Eltern erleichtern wird, wenigstens was Paragraf § 1619 betrifft:

> *§ 1619 Dienstleistungen in Haus und Geschäft:*
>
> *Das Kind ist, solange es dem elterlichen Haushalt angehört und von den Eltern erzogen oder unterhalten wird, verpflichtet, in einer seinen Kräften und seiner Lebensstellung entsprechenden Weise den Eltern in ihrem Hauswesen und Geschäft Dienste zu leisten.*
>
> *§ 1620 Aufwendungen des Kindes für den elterlichen Haushalt:*
>
> *Macht ein dem elterlichen Haushalt angehörendes volljähriges Kind zur Bestreitung der Kosten des Haushalts aus seinem Vermögen eine Aufwendung oder überlässt es den Eltern zu diesem Zwecke etwas aus seinem Vermögen, so ist im Zweifel anzunehmen, dass die Absicht fehlt, Ersatz zu verlangen.*

Ja, Sie haben richtig gelesen, ihre Kinder müssen Ihnen im Haushalt helfen, rechtlich gesehen jedenfalls. Paragraf § 1620 bezieht sich auf das heute nicht mehr so bekannte „Kostgeld". Früher haben Kinder sobald sie ihr eigenes Geld verdient haben, aber noch bei den Eltern wohnten, zu Hause Kostgeld abgegeben. Allgemein sollte es für die Wäsche und die Verpflegung des Kindes verwendet werden. Es war keine Leihgabe, weshalb man als Kind das Geld nicht zurückverlangen konnte.
Über die Höhe der Ausgleichung gibt es keine Allgemeine Höhe, aber sie sollte gerecht und angemessen (Billigkeit) sein, was auch wieder viel Spielraum lässt. Zwar wird der Ausgleich aus dem Nachlass bezahlt, aber bei Aufteilung der Erbteile auf den Erbteil des Abkömmlings angerechnet, der ihn bekommen hat, also wie bei der Zuwendung.
Natürlich gelten die Paragrafen in diesem Abschnitt auch für Alleinerben! Da es häufiger vorkommt, dass es eine Erbengemeinschaft gibt, wurden sie in diesem Abschnitt behandelt!

Haftung der Erbengemeinschaft

Bevor wir uns im nächsten Teil mit der Haftung der Erben im Allgemeinen beschäftigen werden, will ich auf die Haftung der Erbengemeinschaft eingehen, da Sie als Gruppe haften und uns das einen guten Einstieg in das Thema gibt.
Wir wissen die Erbengemeinschaft erbt zusammen, genauso sieht es mit der Haftung aus, nicht eine Person aus der Erbengemeinschaft haftet,

sondern alle zusammen (s.a. § 2058). Dennoch muss man zwei Arten der Haftungsweise bei der Erbengemeinschaft unterscheiden, die Haftung bis zur Teilung des Nachlasses und die Haftung nach der Teilung des Nachlasses. Dass es nicht so einfach ist, sehen Sie an den folgenden Paragrafen.

§ 2059 Haftung bis zur Teilung:

(1) Bis zur Teilung des Nachlasses kann jeder Miterbe die Berichtigung der Nachlassverbindlichkeiten aus dem Vermögen, das er außer seinem Anteil an dem Nachlass hat, verweigern. Haftet er für eine Nachlassverbindlichkeit unbeschränkt, so steht ihm dieses Recht in Ansehung des seinem Erbteil entsprechenden Teils der Verbindlichkeit nicht zu.

(2) Das Recht der Nachlassgläubiger, die Befriedigung aus dem ungeteilten Nachlass von sämtlichen Miterben zu verlangen, bleibt unberührt.

§ 2060 Haftung nach der Teilung:

Nach der Teilung des Nachlasses haftet jeder Miterbe nur für den seinem Erbteil entsprechenden Teil einer Nachlassverbindlichkeit:

1. *wenn der Gläubiger im Aufgebotsverfahren ausgeschlossen ist; das Aufgebot erstreckt sich insoweit auch auf die in § 1972 bezeichneten Gläubiger sowie auf die Gläubiger, denen der Miterbe unbeschränkt haftet;*

2. *wenn der Gläubiger seine Forderung später als fünf Jahre nach dem in § 1974 Abs. 1 bestimmten Zeitpunkt geltend macht, es sei denn, dass die oder im Aufgebotsverfahren angemeldet worden ist; die Vorschrift findet keine Anwendung, soweit der Gläubiger nach § 1971 von dem Aufgebot nicht betroffen wird:*

3. *wenn das Nachlassinsolvenzverfahren eröffnet und durch Verteilung der Masse oder durch einen Insolvenzplan beendigt worden ist.*

Bevor ich auf die Paragrafen näher eingehe, klären wir erstmal was denn eigentlich Nachlassverbindlichkeiten sind, denn ich glaube nicht, dass sich jeder etwas darunter vorstellen kann. Wir hatten das Thema schon mal kurz angeschnitten, aber Nachlassverbindlichkeiten sind nicht nur Beerdigungskosten und Hypotheken. Wir wissen das es sich um Schulden handelt, die der Erblasser hinterlassen hat und das kann so ziemlich alles sein, wie Kredite, offene Rechnungen, Steuerschulden, Mietschulden, Unterhalt und Schadenersatz-leistungen. Auch die nach dem Erbfall auftretenden Verbindlichkeiten sind Nachlassverbindlichkeiten, z.B. aus Pflichtteilsansprüchen, Vermächtnissen und Auflagen (s.a. § 1967 Abs. 2). Kommen wir zur Haftung vor der Teilung. Bei der Haftung wird unterschieden, um was für eine Nachlassverbindlichkeit es sich handelt und aus was die Verbindlichkeit besteht z.B., wenn es sich um eine Immobilie handelt, eine Hypothek. Wurde dem Erben das Haus mit der Hypothek allein zugesprochen, haftet er unbeschränkt, unabhängig von dem Gesamtnachlass. Worauf auch Absatz 2 hinzielt, ein Gläubiger kann also nicht von der Erbengemeinschaft verlangen, die Hypothekenzahlung anteilig von jedem zu bekommen. Nach der Teilung haftet jeder Erbe nur in der Höhe seines Erbanteils. Folgender Paragraf macht dies nochmal etwas deutlicher.

> *§ 2007 Haftung bei mehreren Erbteilen:*
>
> *Ist ein Erbe zu mehreren Erbteilen berufen, so bestimmt sich seine Haftung für die Nachlassverbindlichkeiten in Ansehung eines jeden der Erbteile so, wie wenn die Erbteile verschiedenen Erben gehörten. In den Fällen der Anwachsung und des § 1935 gilt dies nur dann, wenn die Erbteile verschieden beschwert sind.*

Ich hoffe, dass macht es jetzt etwas leichter zu verstehen. Der Erbe haftet für jeden Erbteil an sich, nicht für alle zusammen. Wenn die Erbteile unterschiedlich groß sind, z.B. dadurch das ein Erbe wegfällt (§ 1935) gilt es auch dann, wenn die Erbteile verschieden belastet sind (z.B. durch die Höhe der Schulden).
Zurück zum Paragrafen. Jeder von Ihnen, der schon mal ein Aufgebot bestellt hat und jetzt denkt: „Ah, ja ich weiß was das ist." Liegt leider im Irrtum. Ein Aufgebot ist eine öffentliche Aufforderung zur Anmeldung des Erbrechts (vgl. dazu § 1965) gegenüber dem Nachlassgericht. Übrigens kann ein Aufgebot auch zur „Kraftloserklärung" von Urkunden genutzt werden, z.B. von Testamenten, nur mal so nebenbei. Wenn der Erblasser kein Testament oder Erbvertrag beim Nachlassgericht hinterlegt hat und kein Erbe bestimmt werden kann, muss das Nachlassgericht per Aufgebot nach den Erben suchen. Das Aufgebot dient auch dazu die Gläubiger zur Anmeldung ihrer Forderungen aufzufordern.

> *§ 2061 Aufgebot der Nachlassgläubiger:*
>
> *(1) Jeder Miterbe kann die Nachlassgläubiger öffentlich auffordern, ihre Forderungen binnen sechs Monaten bei*

ihm oder bei dem Nachlassgericht anzumelden. Ist die Aufforderung erfolgt, so haftet nach der Teilung jeder Miterbe nur für den seinem Erteil entsprechenden Teil einer Forderung, soweit nicht vor dem Ablauf der Frist die Anmeldung erfolgt oder die Forderung ihm zur Zeit der Teilung gekannt ist.

(2) Die Aufforderung ist durch den Bundesanzeiger und durch das für die Bekanntmachungen des Nachlassgerichts bestimmte Blatt zu veröffentlichen. Die Frist beginnt mit der letzten Einrückung. Die Kosten fallen dem Erben zur Last, der die Aufforderung erlässt.

Spätestens jetzt wird klar, der Erbe haftet nach der Teilung oder wie in § 2007 nur mit dem Erbteil an den die Forderung gerichtet ist, was auch Punkt 1 im Paragrafen § 2060 wiedergibt. Wenn der Gläubiger seine Forderung erst man fünf Jahren geltend machen will, so gilt er nach Paragraf § 1974 Abs. 1 „einem ausgeschlossenen Gläubiger gleich", d.h. er kommt zu spät! Sind die Schulden aus dem Nachlass zu hoch, so muss ein Insolvenzverfahren eröffnet werden, wobei der Erbe dann auch nur mit seinem Erbanteil haftet (Punkt 3).
Kommen wir nun zum allgemeinen Teil der Haftung der Erben, denn da gibt es noch einiges mehr zu beachten.

Haftung des Erben § 1967

Pfandgläubiger, Gläubiger aus Insolvenzverfahren oder Zwangsvollstreckungen sind von dem Aufgebot ausgeschlossen, da diese durch Verträge bzw. Verfügungen ihr Recht auch so geltend machen können (s.a. § 1971, § 2060 Abs. 1). Genau wie Pflichtteilsrechte, Vermächtnisse und Auflagen von dem Aufgebot nicht betroffen sind, da der Erbe diese auf jeden Fall befriedigen muss ungeachtet des Paragrafen § 2060 Abs. 1. Welche Rechte der Erbe bzgl. der Nachlassgläubiger hat, sehen wir im nächsten Paragrafen.

§ 1973 Ausschluss von Nachlassgläubigern:

(1) Der Erbe kann die Befriedigung eines im Aufgebotsverfahren ausgeschlossenen Nachlassgläubigers insoweit verweigern, als der Nachlass durch die Befriedigung der nicht ausgeschlossenen Gläubiger erschöpft wir. Der Erbe hat jedoch den ausgeschlossenen

Gläubiger vor den Verbindlichkeiten aus Pflichtteilsrechten, Vermächtnissen und Auflagen zu befriedigen, es sei denn, dass der Gläubiger seine Forderung erst nach der Berichtigung dieser Verbindlichkeiten geltend macht.

(2) Einen Überschuss hat der Erbe zum Zwecke der Befriedigung des Gläubigers im Wege der Zwangsvollstreckung nach den Vorschriften über die Herausgabe einer ungerechtfertigten Bereicherung herauszugeben. Er kann die Herausgabe der noch vorhandenen Nachlassgegenstände durch Zahlung des Wertes abwenden. Die rechtskräftige Verurteilung des Erben zur Befriedigung eines ausgeschlossenen Gläubigers wirkt einem anderen Gläubiger gegenüber wie Befriedigung.

Nicht ganz so leicht zu verstehen, also fangen wir von hinten an. Gibt es einen Überschuss (z.B. Gewinn) muss der Erbe diesen den Gläubigern zur Verfügung stellen, ansonsten macht er sich strafbar. Sie erinnern sich, wir hatten über Bereicherung gesprochen, zwar bezogen auf eine Dritte Person, was aber in dem Fall auch für den Erben gilt. Das Pfandrecht u.a. geht vor dem Pflichtteilsrecht u.a., erst wenn alle Schulden nach § 1971 beglichen sind, werden die Forderungen der Pflichtteilsberechtigen, Vermächtnisse und Auflagen erfüllt. Ausnahmen bestätigen auch hier die Regel, wenn sich der Gläubiger erst nachdem der Erbe die Forderungen der Pflichtteilsberechtigen, die Vermächtnisse und Auflagen erfüllt hat, meldet kann dem Erben kein Vorwurf gemacht werden. Immerhin beträgt die Frist für den Gläubiger sich zu melden, fünf Jahre nach § 1974 Abs. 1 Satz 1. Aber muss der oder die Erbe(n) jetzt 5 Jahre warten, bis die Gläubiger sich melden?

§ 2014 Dreimonatseinrede:

Der Erbe ist berechtigt, die Berichtigung einer Nachlassverbindlichkeit bis zum Ablauf der ersten drei Monate nach der Annahme der Erbschaft, jedoch nicht über die Errichtung des Inventars hinaus, zu verweigern.

§ 2015 Einrede des Aufgebotsverfahrens:

(1) Hat der Erbe den Antrag auf Einleitung des Aufgebotsverfahrens der Nachlassgläubiger innerhalb eines Jahres nach der Annahme der Erbschaft gestellt und ist der Antrag zugelassen, so ist der Erbe berechtigt, die

Berichtigung einer Nachlassverbindlichkeit bis zur Beendigung des Aufgebotsverfahrens zu verweigern.

(2) Aufgehoben

(3) Wird der Ausschließungsbeschluss erlassen oder der Antrag auf Erlass des Ausschließungsbeschlusses zurückgewiesen, so ist das Aufgebotsverfahren erst dann als beendet anzusehen, wenn der Beschluss rechtskräftig ist.

Der Erbe darf die Begleichung der Nachlassverbindlichkeiten verweigern, solange er noch nicht weiß, ob er diese überhaupt durch den Nachlass begleichen kann. Ist aber das Nachlassverzeichnis erstellt worden, so hat er einen Überblick über tatsächliche bzw. eventuelle Werte des Vermögens und hat dann keinen Grund mehr zu verweigern. Gleiches gilt nach § 2015, der Erbe kann die Begleichung der Verbindlichkeiten so lange herauszögern, bis er genaue Kenntnis über die gesamten Nachlassverbindlichkeiten hat und das Aufgebotsverfahren rechtskräftig beendet ist. Dies gilt aber nur, solange der Erbe nicht unbeschränkt haftet (§ 2016).

Haftungsbeschränkung der Erben

Wir wissen, dass der Erbe nicht über den Nachlass hinaus haftet, wenn eine Nachlassverwaltung oder das Nachlassinsolvenzverfahren eröffnet ist (s.a. § 1975). Genau darum geht es im Folgenden, das sich die Haftungsbeschränkung nur auf diese zwei Fälle bezieht. Versucht ein Nachlassgläubiger seine Forderung gegen eine andere Forderung aufzurechnen, die nicht zum Nachlass gehört, so hat er dies vergebens getan, denn die Nachlassforderungen sind strickt von anderen Forderungen zu trennen. Wenn ein Gläubiger, der nicht Nachlassgläubiger ist, seine Forderung gegen eine Forderung rechnet, die zum Nachlass gehört (vgl. 1977), hat er genauso wenig Chancen diese durchzusetzen. Man muss also deutlich unterscheiden zwischen Schulden, die zum Nachlass gehören und die, die vorher aufgetreten waren, nicht ganz einfach!

Bei der Nachlassverwaltung bzw. der Eröffnung des Insolvenzverfahrens bleibt der Erbe für die Verwaltung des Nachlasses weiterhin verantwortlich, so als wäre er ein Beauftragter. Der Erbe geht nicht gänzlich leer aus, seine Auslagen kann er nach, § 670 und § 683 (Ersatz von Aufwendungen), einfordern (s. § 1978 Abs. 1-3). Nicht das Sie jetzt verwirrt sind, beide Paragrafen heißen gleich, passiert oft im BGB. Der Erbe kann insoweit es ihm durch den Nachlass möglich ist,

Nachlassverbindlichkeiten begleichen, was die Nachlassgläubiger akzeptieren müssen (§ 1979). Darüber hinaus darf der Erbe, nach § 2046 Abs. 1, die Summe so lange einbehalten, wenn eine Nachlassverbindlichkeit streitig ist, bis die Sache geklärt wurde.
Kommen wir nun zum Insolvenzverfahren, weil ich mir sicher bin, dass nicht jeder von Ihnen weiß was das überhaupt ist. Ein Insolvenzverfahren kommt zum Zuge, wenn der Schuldner nicht mehr in der Lage ist, seine Schulden an die Gläubiger zu zahlen, daher der Name: insolvent = zahlungsunfähig. Im privaten Bereich gibt es die s.g. Privatinsolvenz, die oft angewandt wird, wenn Privatpersonen ihre Schulden nicht mehr aus eigener Kraft begleichen können, z.B. weil sie Arbeitsunfähig oder Hartz-IV-Empfänger sind. Sollte der Erbe feststellen, dass die Nachlassverbindlichkeiten höher sind, als das Erbe selbst, muss er ein Nachlassinsolvenzverfahren eröffnen.

§ 1980 Antrag auf Eröffnung eines Nachlassinsolvenzverfahrens:

(1) Hat der Erbe von der Zahlungsunfähigkeit oder der Überschuldung des Nachlasses Kenntnis erlangt, so hat er unverzüglich die Eröffnung des Nachlassinsolvenz-verfahrens zu beantragen. Verletzt er diese Pflicht, so ist er den Gläubigern für den daraus entstandenen Schaden verantwortlich. Bei der Bemessung der Zulänglichkeit des Nachlasses bleiben die Verbindlichkeiten aus Vermächtnissen und Auflagen außer Betracht.

(2) Der Kenntnis der Zahlungsunfähigkeit oder der Überschuldung steht die Fahrlässigkeit beruhende Unkenntnis gleich. Als Fahrlässigkeit gilt es insbesondere, wenn der Erbe das Aufgebot der Nachlassgläubiger nicht beantragt, obwohl er Grund hat, das Vorhandensein unbekannter Nachlassverbindlichkeiten anzunehmen; das Aufgebot ist nicht erforderlich, wenn die Kosten des Verfahrens dem Bestand des Nachlasses gegenüber unverhältnismäßig groß sind.

Der Paragraf macht deutlich, dass es wichtig ist ein Nachlassinsolvenzverfahren zu beantragen und auch was einem blüht, wenn man es nicht macht - so haftet der Erbe gegenüber dem Nachlassgläubiger. Es ist keine *Kann-Option*, sondern ein „**Muss**" die Nachlassinsolvenz zu beantragen!
Wenn das Nachlassinsolvenzverfahren aufgelöst oder durch einen Insolvenzplan beendet wurde, was bedeutet das der übrige Nachlass, der

nicht für Nachlassverbindlichkeiten verwendet wurde, an die Erben ausbezahlt wird, gilt entsprechend der Haftung des § 1973 (Ausschluss von Nachlassgläubigern).
Was aber, wenn das Nachlassinsolvenzverfahren mangels Masse (heißt so viel, wie das kein Geld da ist) abgewiesen wurde?

§ 1990 Dürftigkeitseinrede des Erben:

(1) Ist die Anordnung der Nachlassverwaltung oder die Eröffnung des Nachlassinsolvenzverfahrens wegen Mangels einer den Kosten entsprechenden Masse nicht tunlich oder wird aus diesem Grunde die Nachlassverwaltung aufgehoben oder das Insolvenzverfahren eingestellt, so kann der Erbe die Befriedigung eines Nachlassgläubigers insoweit verweigern, als der Nachlass nicht ausreicht. Der Erbe ist in diesem Falle verpflichtet, den Nachlass zum Zwecke der Befriedigung des Gläubigers im Wege der Zwangsvollstreckung herauszugeben.

(2) Das Recht des Erben wird nicht dadurch ausgeschlossen, dass der Gläubiger nach dem Eintritt des Erbfalls im Wege der Zwangsvollstreckung oder der Arrestvollziehung ein Pfandrecht oder eine Hypothek oder im Wege der einstweiligen Verfügung eine Vormerkung erlangt hat.

Dürftigkeitseinrede, was ist das? Der Nachlass ist dürftig, bedeutet er reicht nicht, um die Nachlassverbindlichkeiten zu begleichen. Und nur, weil ein Insolvenzverfahren scheitert, heißt das also nicht, dass der Erbe damit fein raus ist, im Gegenteil. Er muss zum Begleichen der Verbindlichkeiten z.B. die Immobilie für die Zwangsvollstreckung abgeben. Der Erbe behält das Recht auf den Nachlass, bedeutet wenn durch z.B. den Verkauf der Immobilie die Nachlassverbindlichkeiten getilgt sind, bekommt er den Überschuss. Bleibt nichts übrig, kann er sich auf folgenden Paragrafen beziehen.

§ 1991 Folgen der Dürftigkeitseinrede:

(1) Macht der Erbe von dem ihm nach § 1990 zustehenden Rechten Gebrauch, so finden auf seine Verantwortlichkeit und den Ersatz seiner Aufwendungen die Vorschriften der §§ 1978, 1979 Anwendung.

(2) Die infolge des Erbfalls durch Vereinigung von Recht und Verbindlichkeit oder von Recht und Belastung erloschenen

Rechtsverhältnisse gelten im Verhältnis zwischen dem Gläubiger und dem Erben als nicht erloschen.

(3) Die rechtskräftige Verurteilung des Erben zur Befriedigung eines Gläubigers wirkt einem anderen Gläubiger gegenüber wie die Befriedigung.

(4) Die Verbindlichkeiten aus Pflichtteilsrechten, Vermächtnissen und Auflagen hat der Erbe so zu berichtigen, wie sie im Falle des Insolvenzverfahrens zur Berichtigung kommen würden.

Als Folgen darf der Erbe seine Aufwendungen (Auslagen) geltend machen. Er muss somit auch die Gläubiger befriedigen, d.h. die Verbindlichkeiten bezahlen, wobei er auch die Pflichtteilsberechtigten u.a. nicht vergessen darf.
Wir wussten bis jetzt, dass Verbindlichkeiten von Vermächtnissen und Auflagen nicht berücksichtigt werden, was sich mit diesem Paragrafen ändert.

§ 1992 Überschuldung durch Vermächtnisse und Auflagen:

Beruht die Überschuldung des Nachlasses auf Vermächtnisse und Auflagen, so ist der Erbe, auch wenn die Voraussetzungen des § 1990 nicht vorliegen, berechtigt, die Berichtigung dieser Verbindlichkeiten nach den Vorschriften des §§ 1990, 1991 zu bewirken. Er kann die Herausgabe der noch vorhandenen Nachlassgegenstände durch Zahlung des Wertes abwenden.

Die Einzige Ausnahme ist also, wenn die Überschuldung durch die Vermächtnisse und Auflagen zustande kämen, dann gelten auch wieder die Paragrafen § 1990 und § 1991. Wenn in dem Nachlass ein für den Erben wertvolles Erinnerungsstück (ein Bild, Vase, Möbel) vorhanden ist, was der Erbe auf keinem Fall rausgeben möchte, so muss er das auch nicht. Er kann durch Zahlung des Wertes den Verlust abwenden. Das ist ihm erlaubt.

Die unbeschränkte Haftung

Wir haben schon davon gehört, dass man durch das Nachlassverzeichnis den Wert des Nachlasses ermitteln kann, dass es zur Aufzeichnung des Nachlasses dient und zur besseren Übersicht dessen. Nun lernen wir, dass es für das Nachlassverzeichnis einen anderen Begriff gibt. Im Fachjargon

heißt es nicht Verzeichnis, sondern was viele von Ihnen vielleicht schon mal gehört haben, „Inventar".
Wie schon erwähnt, kann jeder Erbe ein Inventar erstellen und beim Nachlassgericht einreichen. Im Zuge der Anmeldung des Erbrechts gewährt einem das Nachlassgericht dafür eine angemessene Frist (s.a. § 1994) von ein bis drei Monaten, die auch vom Nachlassgericht in Absprache mit dem Erben verlängert werden kann. Sollte die Frist nicht eingehalten werden, kommt es zur unbeschränkten Haftung des Erben.
Bei einer Nachlassverwaltung bzw. einer Nachlassinsolvenz braucht es keine Frist, weil die Verwaltung nicht in den Händen des Erben liegt.
Kommen wir mal zum Inhalt des Inventars, lt. Paragraf § 2001 braucht es dazu eigentlich nur zwei Dinge:

- die Nachlassgegenstände und
- die Nachlassverbindlichkeiten

So einfach ist es dann doch nicht, wenn man sich das Formular, welches man auf jeder Webseite (manchmal muss man ein wenig suchen) vom Nachlassgericht (bzw. Amtsgericht) der Stadt in der der Erblasser gewohnt hat ansieht. Die Nachlassgegenstände sollen genaustens beschrieben und nach Möglichkeit mit dem Wert angegeben werden. Dass man mal einen Einblick bekommt, was das Nachlassgericht so alles wissen möchte, siehe folgende Aufstellung:

<u>Nachlassgegenstände</u>:
- Grundstücke bzw. Häuser
- Firma bzw. Unternehmen des Erblassers
- wertvolle Gegenstände (Pelzmäntel)
- Kunstgegenstände (Schmuck, Gold, Bilder)
- Wert der Möbel bzw. Einrichtungsgegenstände
- Guthaben bei Banken, Sparbücher
- Kurswert von Wertpapieren
- Forderungen gegenüber Dritten (Bürgschaften, Darlehen)
- Beträge aus Lebensversicherungen
- und andere Nachlassgegenstände (PKW, Boot, etc.)

<u>Nachlassverbindlichkeiten</u>:
- Verbindlichkeiten aus Hypotheken, Grund- und Rentenschulden
- und sonstige Verbindlichkeiten, wie Steuerschulden

Wenn ein Erbe das Inventar nicht selbst aufnehmen kann, sollte dieser einen Notar zur Rate ziehen und was z.B. den Wert von Immobilien betrifft, einen Fachmann (z.B. einen Immobilienmakler oder Gutachter). Man kann als Erbe auch das Nachlassgericht mit der Aufnahme des Inventars beauftragen, welches dann einen Notar beauftragt, natürlich ist das mit Kosten verbunden.
Wie man es handhabt, ist jedem selbst überlassen. Es sei noch zu erwähnen, dass der Erbe gegenüber dem Notar bzw. dem Nachlassgericht eine Auskunftspflicht hat (vgl. § 2002, § 2003), was den Nachlass oder alles was mit dem Nachlass zu tun hat, betrifft. Das Nachlassgericht wird dann das Inventar, an den oder die Erben übergeben bzw. ihnen Einsicht gewähren.
Der nächste Paragraf richtet sich an die Erben, die es mit der Ehrlichkeit nicht so ernst nehmen, aber sehen sie selbst.

§ 2005 Unbeschränkte Haftung des Erben bei Unrichtigkeit des Inventars:

(1) Führt der Erbe absichtlich eine erhebliche Unvollständigkeit der im Inventar enthaltenden Angabe der Nachlassgegenstände herbei oder bewirkt er in der Absicht, die Nachlassgläubiger zu benachteiligen, die Aufnahme einer nicht bestehenden Nachlassverbindlichkeit, so haftet er für die Nachlassverbindlichkeiten unbeschränkt. Das Gleiche gilt, wenn er im Falle des § 2003 die Erteilung der Auskunft verweigert oder absichtlich in erheblichem Maße verzögert.

(2) Ist die Angabe der Nachlassgegenstände unvollständig, ohne dass ein Fall des Absatzes 1 vorliegt, so kann dem Erben zur Ergänzung eine neue Inventarfrist bestimmt werden.

Der Erbe wird also damit bestraft, dass er unbeschränkt haftet, das bedeutet über seinen Anteil des Nachlasses hinaus, was wiederum heißt mit seinem Privatvermögen, ob er welches hat oder nicht! Es kann mal passieren, dass ein Sparbuch erst nach dem Ausräumen der Mietwohnung, hinter einem Bild versteckt, gefunden wird. Dann liegt nicht der Verdacht vor, der Erbe hätte es mit Absicht verheimlicht, denn er wusste nicht, dass es überhaupt existiert bzw. dort versteckt wurde. Wobei was ist, wenn der Erbe schon eine eidesstattliche Versicherung abgeben hat? Hat er dann dagegen verstoßen? Nein, nach Paragraf § 2006 Abs. 4, kann der Erbe eine zweite eidesstattliche Erklärung abgeben, wenn ihm erst nach der ersten eidesstattlichen Versicherung das Sparbuch in die Hände fiel. Kommen wir zu den Folgen der unbeschränkten Haftung, denn die sind auch nicht zu verachten.

§ 2013 Folgen der unbeschränkten Haftung des Erben:

(1) Haftet der Erbe für die Nachlassverbindlichkeiten unbeschränkt, so finden die Vorschriften der §§ 1973 bis 1975, 1977 bis 1980, 1989 bis 1992 keine Anwendung; der Erbe ist nicht berechtigt, die Anordnung einer Nachlassverwaltung zu beantragen. Auf eine nach § 1973 oder nach § 1974 eingetretene Beschränkung der Haftung kann sich der Erbe jedoch berufen, wenn später der Fall des § 1994 Abs. 1 Satz 2 oder des § 2005 Abs. 1 eintritt.

(2) Die Vorschriften der §§ 1977 bis 1980 und das Recht des Erben, die Anordnung einer Nachlassverwaltung zu beantragen, werden nicht dadurch ausgeschlossen, dass der Erbe einzelnen Nachlassgläubigern gegenüber unbeschränkt haftet.

Im ersten Absatz ist klar formuliert, dass es bei unbeschränkter Haftung keinen Ausschluss von Nachlassgläubigern gibt, die Frist für die Bekanntgabe der Forderung ignoriert wird, sich die Haftung nicht auf den Nachlass beschränkt, es keine Aufrechnung der Forderung gibt und auch keinen Anspruch auf Ersatz der Aufwendungen für den Erben, u.a. Ausnahmen gibt es, denn nach Ablauf der Inventarfrist Haftet der Erbe nur unbeschränkt, sollte das Inventar nicht vor Ablauf der Frist erstellt worden sein (§ 1994 Abs.1, S. 2) oder der Erbe die Angaben im Inventar manipulieren haben (§ 2005 Abs. 1). Eigentlich nichts Neues, da wir über die Paragrafen schon ausführlich gesprochen haben.

Da das Thema der Haftung, wie Sie gesehen haben, sehr kompliziert ist, sollten Sie auf jeden Fall einen Fachanwalt zu Rate ziehen!

Begriffe des Erbens

Jetzt haben wir schon so viel über Erben und Erbengemeinschaft u.a. erfahren. Es gab so viele Begriffe, die da auf einen Zukommen, weshalb wir uns jetzt mal explizit mit einigen Begriffen aus dem Erbrecht beschäftigen werden. Erstmal geht es mir hier um das Verständnis im Allgemeinen und um die Begrifflichkeiten an sich. So verstehen Sie die Paragrafen auch besser.

Das Vermächtnis

Ein Vermächtnis kann vieles sein, Immobilien, Aktien, ein Bild, persönliche Aufzeichnungen usw. wichtig ist, es gehörte zum Vermögen des Erblassers. Ein Erblasser kann z.B. der lieben Haushälterin eine Menge Geld vermachen. Laut dem BGB § 2147 (Beschwerter) kann das ein Vermächtnisnehmer (z.B. unsere Haushälterin) oder ein Erbe werden. Gibt es keinen Vermächtnisnehmer so ist der Erbe beschwert. Der Beschwerte ist die Person, die das Vermächtnis erhält, also bedacht wurde. Der Erblasser kann einen oder mehrere Beschwerte (Vermächtnisnehmer oder Erben) als Begünstigte benennen. Dann müssen im Zweifel die Erben nach dem Verhältnis der Erbteile und die Vermächtnisnehmer nach dem Verhältnis des Wertes des Vermächtnisses beschwert werden. Bedeutet, dass jedem Erben bzw. Vermächtnisnehmer die Erbteile/der Wert des Vermächtnisses zugewiesen wird. Was aber nur gilt, wenn alle mit demselben Vermächtnis beschwert wurden (natürlich nur die Vermächtnisnehmer, nicht die Erben!). Dass es nicht einfach ist, sehen wir an folgendem Beispiel:

Beispiel:
Nehmen wir an der Erblasser hätte ein dreistöckiges Gebäude im Wert von 900.000 € hinterlassen.
Wären es drei Vermächtnisnehmer würde sich der Wert auf 300.000 € pro Person belaufen. Würde es sich um drei Erben handeln, bekäme jeder Erbe ein Stockwerk zugesprochen. Wenn ein Erbe seinen Anteil an einen anderen Erben verkaufen wollen würde, dann wäre der Wert seines Anteils interessant, der sich dann auf 300.000 € belaufen würde.

Hat der Erblasser bestimmt, dass einer seiner Erben ein bestimmter Teil seines Vermögens entsagt wird, so geht dieser Teil an die gesetzlichen Erben über. Genauso kann der Erblasser bestimmen, dass jemand anderes bestimmen soll, wer das/ein Vermächtnis erhalten soll:

> *§ 2151 Bestimmungsrecht des Beschwerten oder eines Dritten bei mehreren Bedachten:*
>
> *(1) Der Erblasser kann mehrere mit einem Vermächtnis in der Weise bedenken, dass der Beschwerte oder ein Dritter zu bestimmen hat, wer von den mehreren das Vermächtnis erhalten soll.*
>
> *(2) Die Bestimmung des Beschwerten erfolgt durch Erklärung gegenüber demjenigen, welcher das Vermächtnis erhalten*

soll; die Bestimmung des Dritten erfolgt durch Erklärung gegenüber dem Beschwerten.

(3) ... Das Gleiche gilt, wenn das Nachlassgericht dem Beschwerten oder dem Dritten auf Antrag eines der Beteiligten eine Frist zur Abgabe der Erklärung bestimmt hat und die Frist verstrichen ist, sofern nicht vorher die Erklärung erfolgt. ...

Ein Beispiel:
Ein gutbetuchter Erblasser vermacht seinem Sohn das Unternehmen und das Anwesen. Der Erblasser schlägt einen Kreis von Personen (die Haushälterin, der Sohn oder ein gemeinnütziger Verein) vor, die nach seinem Tod eine Immobilie bekommen sollen. Er hat verfügt, dass der Sohn eigenhändig entscheiden kann, wer die Immobilie bekommen soll. Keiner ist keine Option!
Das ist nicht das Einzige was ein Erblasser, veranlassen kann. Wie Sie sehen nähern wir uns mit großen Schritten dem Inhalt eines Testamentes bzw. eines Erbvertrages. Der Erblasser kann über sein Vermögen so verfügen, wie er es für richtig hält, deswegen ist der folgende Paragraf auch nur eine Anregung.

§ 2154 Wahlverhältnis:

(1) Der Erblasser kann ein Vermächtnis in der Art anordnen, dass der Bedachte von mehreren Gegenständen nur den einen oder den anderen erhalten soll. Ist in einem Falle die Wahl einem Dritten übertragen, so erfolgt sie durch Erklärung gegenüber dem Beschwerten.

(2) Kann der Dritte die Wahl nicht treffen, so geht das Wahlrecht auf den Beschwerten über. Die Vorschrift des § 2151 Abs. 3 Satz 2 findet entsprechende Anwendung.

Der Erblasser kann also einzelne Gegenstände einzelnen Personen vermachen. Die Haushälterin bekommt das Bild, welches sie immer bewundert hat, der Chauffeur bekommt den Bentley und der Butler einen Geldbetrag für seine jahrelangen, treuen Dienste.
Darf z.B. der Sohn entscheiden, wie in unserem Beispiel, erfolgt die Erklärung wer, was erhält von ihm. Kann ein Dritter die Wahl nicht treffen so bestimmt der Erbe, wer, was erhält.

§ 2156 Zweckvermächtnis:

Der Erblasser kann bei der Anordnung eines Vermächtnisses, dessen Zweck er bestimmt hat, die Bestimmung der Leistung dem billigen Ermessen des Beschwerten oder eines Dritten überlassen. Auf ein solches Vermächtnis finden die Vorschriften der §§ 315 bis 319 entsprechende Anwendung.

Der Erblasser kann bestimmen, dass z.B. sein Lieblingsoldtimer der Marke Mercedes dem Mercedes Museum in Stuttgart überlassen werden soll, wenn aber der Sohn lieber das Fahrzeug behalten möchte, kann er ihn behalten.
In den Paragrafen §§ 315 bis 319 geht es um die Bestimmung der Leistung durch eine Partei oder eines Dritten, die Bestimmung der Gegenleistung und die Anfechtung und Unwirksamkeit einer Bestimmung auf die ich hier nicht näher eingehen werde.

§ 2161 Wegfall des Beschwerten:

Ein Vermächtnis bleibt, sofern nicht ein anderer Wille des Erblassers anzunehmen ist, wirksam, wenn der Beschwerte nicht Erbe oder Vermächtnisnehmer wird. Beschwert ist in diesem Falle derjenige, welchem der Wegfall des zunächst Beschwerten unmittelbar zustatten kommt.

Das Vermächtnis verfällt sozusagen nicht, weil der Beschwerte weggefallen, z.B. das Erbe ausgeschlagen hat, ist. Im Gegensatz, der nächste Erbe, der an der Reihe wäre, wird dann zum Beschwerten und hat sich um die Erfüllung des Vermächtnisses zu kümmern. Es sei denn der Erblasser hätte schon an den Fall gedacht und etwas anderes angeordnet. Anders ist es, wenn der Bedachte verstorben ist, dann wird das Vermächtnis unwirksam und geht auch nicht an den Abkömmling.

§ 2165 Belastungen:

(1) Ist ein zur Erbschaft gehörender Gegenstand vermacht, so kann der Vermächtnisnehmer im Zweifel nicht die Beseitigung der Rechte verlangen, mit denen der Gegenstand belastet ist. Steht dem Erblasser ein Anspruch auf die Beseitigung zu, so erstreckt sich im Zweifel das Vermächtnis auf diesen Anspruch.

(2) Ruht auf einem vermachten Grundstück eine Hypothek, Grundschuld oder Rentenschuld, die dem Erblasser selbst zusteht, so ist aus den Umständen zu entnehmen, ob die

Hypothek, Grundschuld oder Rentenschuld als mitvermacht zu gelten hat.

Um es mit anderen Worten zu sagen, z.B. hat ein vermachtes Fahrzeug noch offene Raten, kann der Vermächtnisnehmer nicht vom Erben verlangen, dass dieser für die Raten aufkommt (s.a. § 2166-2168). Der Vermächtnisnehmer hat die Raten zu begleichen. Dasselbe gilt auch bei Schiffen, Schiffsbauwerken und Schiffshypotheken.
Für den zweiten Absatz schweifen wir mal kurz in die Immobilien- bzw. Grundstücksschulden ab und klären die drei Begrifflichkeiten Hypothek, Grundschuld und Rentenschuld. Von einer Hypothek (§ 1113 ff.) hat jeder schon mal gehört, man leiht sich Geld bei der Bank, wobei das Haus vorher bewertet wird und zahlt dann die Hypothek in monatlichen kleinen Raten inkl. Zinsen an die Bank. Die Grundschuld (§ 1191) ist so ähnlich. Man leiht sich Geld bei der Bank, diese Belastet das Haus indem sie die Grundschuld (das geliehene Geld) ins Grundbuch eintragen lässt. Die Rentenschuld (§ 1199) ist auch eine Grundschuld. So kann sich z.B. der Bauer Geld bei der Bank leihen, z.B. für den Bau eines neuen Stalles. Ein 30ha großes Feld wird dabei belastet. Bei einer Rentenschuld kann der Bauer mit der Bank ausmachen, dass er eine bestimmte Geldsumme immer zu den Erntezeiten zurückbezahlt. Die zu zahlende Geldsumme wird auch im Grundbuch vermerkt.
Kommen wir wieder zu Absatz 2, wenn auf einem vermachten Grundstück eine Grundschuld oder Rentenschuld eingetragen ist, muss geprüft werden, in wie weit diese Schuld mitvermacht wird.
Dem Vermächtnis sind Grenzen gesetzt, denn nicht alles ist erlaubt. Ein Vermächtnis welches nach § 2171 gegen ein gesetzliches Verbot verstößt, ist unwirksam. Wir wissen, dass der Vermächtnisnehmer vom Erben die Herausgabe des Vermächtnisses fordern kann, aber ab wann hat der Vermächtnisnehmer überhaupt Anspruch auf das Vermächtnis? Mit dem Tod des Erblassers beginnt sein Anspruch. Im Grunde genommen ist das schon richtig, aber da hat der Erblasser, auch wenn er schon Tod ist, ein Wörtchen mitzureden, denn:

§ 2177 Anfall bei einer Bedingung oder Befristung:

Ist das Vermächtnis unter einer aufschiebenden Bedingung oder unter Bestimmung eines Anfangstermins angeordnet und tritt die Bedingung oder der Termin erst nach dem Erbfall ein, so erfolgt der Anfall des Vermächtnisses mit dem Eintritt der Bedingung oder des Termins.

Anfall bedeutet in dem Zusammenhang, dass das Vermächtnis erst mit dem festgelegten Termin bzw. der Bedingung, die der Erblasser sich ausgedacht hat, erfüllt wird. Vorher nicht, auch wenn der Erblasser, z.B. schon drei Monate Tod ist.
Beispiel:
Ein Erblasser vermacht seinem kinderlosen Sohn, sein großes Haus inkl. dem riesigen Garten unter der Bedingung, dass er innerhalb der nächsten zwei Jahre, nach dem Tod des Erblassers, heiratet und mindestens ein Kind unterwegs ist. Erfüllt sich die Bedingung nicht, wird das Haus verkauft. Das Vermächtnis erfüllt sich erst nach den zwei Jahren.

Selbst bei ungeborenen oder noch nicht gezeugten Vermächtnisnehmern tritt der Anspruch auf das Vermächtnis mit der Geburt oder wenn seine Persönlichkeit mit dem Eintritt des Ereignisses bestimmt wird, ein (s. § 2178). Ich glaube den zweiten Satz „seine Persönlichkeit mit dem Eintritt des Ereignisses", muss ich erklären. „Der Enkel erbt erst meine Kanzlei, wenn er das Staatsexamen hat." Oder „Der Enkel bekommt erst das Auto, wenn er seinen Führerschein hat."
Der Vermächtnisnehmer kann das Vermächtnis nicht mehr ausschlagen, wenn er es angenommen hat, wobei die Ausschlagung und die Annahme gegenüber dem Beschwerten (in dem Fall des Erben) erfolgt. Kann der Beschwerte die Zeit der Fälligkeit des Vermächtnisses selbst bestimmen, so geht man davon aus, dass die Fälligkeit spätestens mit seinem Tod eintritt (§ 2181).

Die Auflage

Mit der Auflage ist nicht die Polsterauflage für ihre Gartenliege gemeint, es handelt sich mehr um eine „Anordnung" z.B. des Gerichts. Wenn ein Gericht z.B. einen Jugendlichen verurteilt und ihm zur Auflage macht 20 Sozialstunden zu leisten, so ist das Urteil erfüllt, wenn er die Sozialstunden abgeleistet hat.
Beim Erbrecht gibt nicht das Gericht die Auflage vor, sondern der Erblasser. Er kann einen Erben oder Vermächtnisnehmer zur Erfüllung der Auflage verpflichten (§ 1940). Damit der Erblasser nicht einfach machen kann was er will, gibt es für die Auflage strenge Regeln in Form von Paragrafen, die zu beachten sind, z.B.
§ 2065 Bestimmung durch Dritte, d.h. der Erblasser kann bezogen auf seinen letzten Willen keine Person bestimmen, die sagt, ob der letzte Wille gelten soll oder nicht. Der Erblasser kann keinen Dritten damit

beauftragen, dass dieser bestimmen soll, wer bzw. was für eine Zuwendung jemand bekommen soll.
Für die Auflage gelten auch die Paragrafen, die wir aus dem Vermächtnis kennen insbesondere §§ 2147, 2154, 2156, 2161, 2171. Genau, wie uns der folgende Paragraf bekannt vorkommen sollte, er ist so ähnlich wie im Vermächtnis § 2151 Bestimmungsrecht des Beschwerten, aber sehen sie selbst:

§ 2193 Bestimmung des Begünstigten, Vollziehungsfrist:

(1) Der Erblasser kann bei der Anordnung einer Auflage, deren Zweck er bestimmt hat, die Bestimmung der Person, an welche die Leistung erfolgen soll, dem Beschwerten oder einem Dritten überlassen.

(2) Steht die Bestimmung dem Beschwerten zu, so kann ihm, wenn er zur Vollziehung der Auflage rechtskräftig verurteilt ist, von dem Kläger eine angemessene Frist zur Vollziehung bestimmt werden; nach dem Ablauf der Frist ist der Kläger berechtigt, die Bestimmung zu treffen, wenn nicht die Vollziehung rechtzeitig erfolgt.

(3) Steht die Bestimmung einem Dritten zu, so erfolgt sie durch Erklärung gegenüber dem Beschwerten. Kann der Dritte die Bestimmung nicht treffen, so geht das Bestimmungsrecht auf den Beschwerten über. Die Vorschrift des § 2151 Abs. 3 Satz 2 findet entsprechende Anwendung; zu den Beteiligten im Sinne dieser Vorschrift gehören der Beschwerte und diejenigen, welche die Vollziehung der Auflage zu verlangen berechtigt sind.

Der Erblasser kann bestimmen, was er zur Auflage macht, wer sie erfüllen soll kann er einem Dritten oder seinem Erben überlassen. Steht die Festsetzung der Bestimmung der Person dem Erben zu, so kann ihm eine angemessene Frist bestimmt werden, in der die Auflage erfüllt werden muss. Darf ein dritter bestimmen, z.B. ein Testamentsvollstrecker, so muss dieser dem Erben gegenüber Rechenschaft ablegen. Kann er sich nicht entscheiden, so geht das Bestimmungsrecht automatisch auf den Erben über. Ansonsten bestimmt das Gericht.

§ 2194 Anspruch auf Vollziehung:

Die Vollziehung einer Auflage können der Erbe, der Miterbe und derjenige verlangen, welchem der Wegfall des mit der Auflage zunächst Beschwerten unmittelbar zustatten kommen würde.

Liegt die Vollziehung im öffentlichen Interesse, so kann auch die zuständige Behörde die Vollziehung verlangen.

Also kann der Begünstigte die Auflage (Leistung) nicht verlangen, anders als beim Vermächtnis wo er das Recht dazu hat (s. § 2174). Anders herum, wer möchte schon gerne Auflagen erfüllen. Da die Vollziehung einer Auflage unterschiedlichen Aufwand haben kann, können die Erben dem Begünstigten ein wenig Druck machen.
Eine Auflage wird unwirksam, wenn anzunehmen ist, dass der Erblasser eine Zuwendung nicht ohne die Auflage gemacht haben würde. Was bedeutet, dass wenn die Auflage sinnlos ist, sie unwirksam wird (§ 2195). Kommt der Beschwerte oder der Erbe seiner Pflicht nicht nach die Auflage zu erfüllen, weil es ihm schier unmöglich ist oder der Beschwerte wird rechtskräftig zur Ausübung seiner Pflicht verurteilt, wobei zulässige Zwangsmittel erfolglos angewendet wurden, kann der Erblasser bestimmten, was in so einer Situation passieren soll. Der Beschwerte kann z.B. komplett leer ausgehen oder Ersatzweise statt eines Gegenstandes, Geld erhalten oder ähnliches.
Aber machen wir weiter im Text und sprechen über ein Thema, welches auch den wenigsten bekannt sein wird, dem Pflichtteil.

Was ist der Pflichtteil?

Wir haben das Thema schon mal grob angeschnitten und steigen direkt mit dem ersten Paragrafen ein:

§ 2303 Pflichtteilsberechtigte; Höhe des Pflichtteils:

(1) Ist ein Abkömmling des Erblassers durch Verfügung von Todes wegen von der Erbfolge ausgeschlossen, so kann er von dem Erben den Pflichtteil verlangen. Der Pflichtteil besteht in der Hälfte des Wertes des gesetzlichen Erbteils.

(2) Das gleiche Recht steht den Eltern und dem Ehegatten des Erblassers zu, wenn sie durch Verfügung von Todes wegen von der Erbfolge ausgeschlossen sind. Die Vorschrift des § 1371 bleibt unberührt.

Hier finden wir uns moralisch gesehen in einer Grauzone wieder. Sollte ein Erbe durch Erbvertrag oder Testament ausgeschlossen werden, hat er immer noch ein Anrecht auf den Pflichtteil. So und nun zu der Grauzone, gilt man, wenn man den Pflichtteil einfordert, als Geldgierig. In einigen

Augen schon, anderen wiederum ist es egal, was andere Menschen darüber denken. Sollte man den Pflichtteil einfordern? Das ist jedem selbst überlassen und muss auch mit dem eigenen Gewissen vereinbart werden, wenn man, zwar mit Berechtigung, Geld von jemand anderen verlangt. Das gleiche Recht steht den Eltern bzw. den Ehepartner des Erblassers, also den Erben 2. Ordnung zu. Paragraph § 1371 bezieht sich auf den Zugewinnausgleich im Todesfall, ist aber in dem Fall nicht beachtenswert.
Ich kenne einen Fall, wo jemand ermutigt wurde den Pflichtteil einzufordern, was ihr sehr schwerfiel und sie auch erst nach drei Monaten Bedenkzeit gemacht hat.
Da gäbe es ja auch noch die Erbschleicher, die meist wiederrechtlich versuchen an das Erbe heranzukommen und nicht mittelbar zu einem der Ordnungen gehören oder anders gesagt zum Kreis der Erben.
Wie schon mal erwähnt ist der Pflichtteil mindestens um die Hälfte kleiner als der eigentliche Erbteil. Mindestens, weil es auch weniger sein kann. Welche Rechte ein Pflichtteilsberechtigter hat, ist etwas komplex. Wurde dem Pflichtteilsberechtigten ein Erbteil hinterlassen, der um die Hälfte kleiner ist, als sein gesetzlicher Erbteil, kann er die Differenz von den Erben verlangen, lt.
§ 2305 (Zusatzpflichtteil). Der Pflichtteilsberechtigte, dem ein Erbteil, Vermächtnis oder eine Auflage vererbt bzw. auferlegt wurde, kann den Pflichtteil verlangen, wenn er den Erbteil und/oder das Vermächtnis ausschlägt (§ 2306 Beschränkungen und Beschwerungen/§ 2307 Zuwendung eines Vermächtnisses). Natürlich kann der Pflichtteilsberechtige die Ausschlagung unter den genannten Voraussetzungen gegenüber dem Beschwerten anfechten (§ 2308), deshalb immer vorher überlegen und sich informieren!

Wir greifen mal ein wenig vor und sprechen für das folgende Beispiel auch den Erbvertrag an, die gesetzliche Erbfolge und den Pflichtteilsanspruch.
Beispiel:
Der Enkel wurde im Erbvertrag des Opas vom Erbe ausgeschlossen. Gesetzlich gesehen hat er sowieso keinen Anspruch. Der Opa hat seiner Tochter und der Enkelin lt. Erbvertrag sein Haus überschrieben. Also gilt nach dem Erbvertrag folgendes, wie in der Abbildung 2 beschrieben.

Enkelin und Tochter würden das Haus jeweils zur Hälfte erben.

Jetzt nehmen wir mal an, es gab einen Autounfall bei dem der Opa zusammen mit seiner Tochter verstorben ist. Die Schwester (die Enkelin) des Bruders wird nun tragischerweise Alleinerbin.

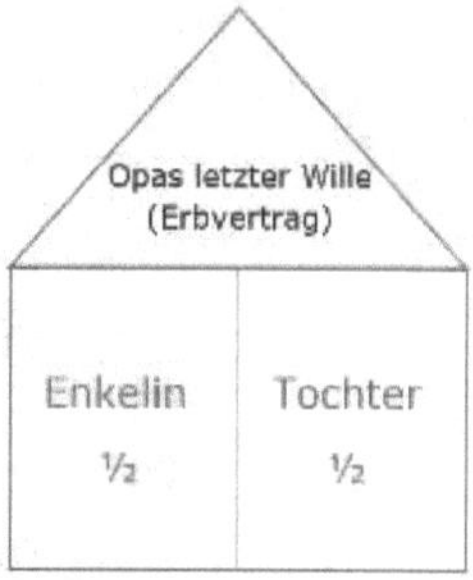

Abbildung 2: Opas Erbvertrag

Gäbe es keinen Erbvertrag würden beide Abkömmlinge zu je gleichen Teilen erben, was hier nur relevant für die Pflichtteilsberechnung ist. Denn der Bruder (Enkel) ist davon gar nicht begeistert und zieht einen Anwalt zu Rate, um seinen Pflichtteil einzufordern.
Da laut Absatz 1, S. 2 der Pflichtteil nur aus der Hälfte des gesetzlichen Erbteils besteht, würde der Enkel ¼ des Wertes des Hauses bekommen. Es ist nicht immer so einfach, deswegen muss ich hier auf einen Fachanwalt verweisen!

Die Berechnung des Pflichtteils

Kommen wir nun zur Berechnung des Pflichtteils, was mit einigen Hürden verbunden ist. Wie Sie schon mitbekommen haben, je mehr Erben, desto kleiner der Pflichtteil, die aber sind maßgebend für die Berechnung.

> *§ 2310 Feststellung des Erbteils für die Berechnung des Pflichtteils:*
>
> *Bei der Feststellung des für die Berechnung des Pflichtteils maßgebenden Erbteils werden diejenigen mitgezählt, welche durch letztwillige Verfügung von der Erbfolge ausgeschlossen sind oder die Erbschaft ausgeschlagen haben oder für erbunwürdig erklärt sind. Wer durch Erbverzicht von der gesetzlichen Erbfolge ausgeschlossen ist, wird nicht mitgezählt.*

Sie sehen was ich meine. Nur die auf das Erbe verzichtet haben, fallen aus der Berechnung raus, alle anderen werden mitgezählt, was den Pflichtteil ziemlich schrumpfen lassen kann, weil sich der Pflichtteil immer um die Hälfte (1/2, 1/4, 1/8, 1/16 usw.) verringert.
Um den Wert des Nachlasses (§ 2311) und unter Umständen den Wert des Landgutes (§ 2312) zu berechnen, bedarf es der Hilfe des Erben:

> *§ 2314 Auskunftspflicht des Erben:*
>
> *(1) Ist der Pflichtteilsberechtigte nicht Erbe, so hat ihm der Erbe auf Verlangen über den Bestand des Nachlasses Auskunft zu erteilen. Der Pflichtteilsberechtigte kann*

verlangen, dass er bei der Aufnahme des ihm nach § 260 vorgelegten Verzeichnisses der Nachlassgegenstände zugezogen und dass der Wert der Nachlassgegenstände ermittelt wird. Er kann auch verlangen, dass das Verzeichnis durch die zuständige Behörde oder durch einen zuständigen Beamten oder Notar aufgenommen wird.

(2) Die Kosten fallen dem Nachlass zur Last.

Der Erbe ist also verpflichtet, dem Pflichtteilsberechtigten Auskunft über den Nachlass zu erteilen, worauf sich § 260 (siehe unten) auch noch mal bezieht. Sollte der Wert des Nachlasses noch nicht ermittelt worden sein, muss dies durchgeführt werden. Unter Umständen müssen dann Gutachten, z.B. über Immobilien angefertigt werden. Wenn man als Pflichtteilsberechtigter Angst haben muss, auf Deutsch gesagt: „Beschissen zu werden." Kann man vom Erben verlangen, dass sich der Notar um die Aufnahme des Inventars bemüht, was auch einige Zeit in Anspruch nimmt, je nachdem wie groß der Nachlass wirklich ist. Das sollte man bedenken, das geht nicht mal so eben.

§ 260 Pflichten bei Herausgabe oder Auskunft über Inbegriff von Gegenständen:

(1) Wer verpflichtet ist, einen Inbegriff von Gegenständen herauszugeben oder über den Bestand eines solchen Inbegriffs Auskunft zu erteilen, hat dem Berechtigten ein Verzeichnis des Bestands vorzulegen.

(2) Besteht Grund zu der Annahme, dass das Verzeichnis nicht mit der erforderlichen Sorgfalt aufgestellt worden ist, so hat der Verpflichtete auf Verlangen zu Protokoll an Eides statt zu versichern, dass er nach bestem Wissen den Bestand so vollständig angegeben habe, als er dazu imstande sei. ...

Im zweiten Absatz wird deutlich, dass der Pflichtteilsberechtigte durchaus ernst machen kann, indem er eine Eiderstattliche Aussage verlangen kann, was wenn der Erbe falsche Angaben gemacht hat, ziemlich nach hinten losgehen kann. Also für alle beteiligten gilt: „Ehrlichkeit währt am längsten."

Zum Pflichtteil werden nicht nur die Werte von Immobilien, Firmen oder der Wert des Geldes hinzugerechnet, sondern auch die Zuwendungen die der Pflichtteilsberechtigte rechtsverbindlich (rechtskräftig) vom Erblasser erhalten hat, als dieser noch lebte (§ 2315). Gleiches gilt für

Schenkungen, die der Pflichtteilsberechtigte vom Erblasser erhalten hat (s.a. § 2327), aber auch die, die der Erblasser Dritten überlassen hat, werden mit angerechnet. Voraussetzung hierfür ist, man wusste als Pflichtteilsberechtigter davon (§ 2325). Wobei es da auch Grenzen gibt, denn nicht alles wird im vollem Umfang dem Nachlass hinzugerechnet. Schenkungen, die der Erblasser 10 Jahre vor seinem Tod getätigt haben, fallen komplett aus der Berechnung raus. Für die Jahre 1-9 gibt es eine besondere Regel. Ist die Schenkung im letzten Jahr vor dem Tod des Erblassers getätigt worden, wird sie im vollen Umfang angerechnet. Für die Jahre 2-9 werden jeweils 1/10 abgezogen und die Restsumme mit angerechnet (s.a.
§ 2325 Abs. 3 Satz 1, 2). Natürlich müssen alle, die eine Schenkung vom Erblasser erhalten haben, sich melden oder der Erblasser hat Buch über die Schenkungen geführt. Das wäre das einfachste.
Am besten wir schauen uns dazu anhand eines Beispiels an.
Nehmen wir mal an unser Erblasser hat seinem Sohn jedes Jahr 1.000 € geschenkt. Der Pflichtteil aber soll für jemand anderen berechnet werden, das sähe dann wie folgt aus:

Schenkung des Vaters:	Für die Berechnung:		
1. Jahr	1.000 €		1.000 €
2. Jahr	1.000 €	- 10 %	900 €
3. Jahr	1.000 €	- 20 %	800 €
4. Jahr	1.000 €	- 30 %	700 €
5. Jahr	1.000 €	- 40 %	600 €
6. Jahr	1.000 €	- 50 %	500 €
7. Jahr	1.000 €	- 60 %	400 €
8. Jahr	1.000 €	- 70 %	300 €
9. Jahr	1.000 €	- 80 %	200 €
10. Jahr	1.000 €		0 €
	10.000 €		**5.400 €**

Tabelle 1: Berechnung der Zuwendungen

Wie Sie sehen wirkt sich das je nach Summe gar nicht so doll auf den Nachlass aus und selbst bei unserem Beispiel sind es nicht die 100 % (10.000 €), die angerechnet werden, sondern nur 54 % der Summe. Wenn dann mal alle Zahlen zusammengerechnet wurden und der gesetzliche Erbteil ermittelt wurde, der wie wir wissen lt. § 2303 Abs. 1 Satz 2, für die Pflichtteilsberechnung aus der Hälfte des gesetzlichen Erbteils besteht, wird der Pflichtteil berechnet. Darum kümmert sich ein Fachanwalt für Erbrecht.

Rechte des Pflichtteilsberechtigten

Wenn dem Pflichtteilsberechtigten nur die Hälfte des gesetzlichen Erbteils hinterlassen wurde, kann er die Ergänzung des Pflichtteils verlangen (§ 2326).
Wurde ihm mehr als der gesetzliche Erbteil hinterlassen, so besteht kein Anspruch auf Ergänzung.
Ist der Pflichtteilsberechtigte Erbe und ist der Wert des Pflichtteils mehr als der Wert des hinterlassenen Erbteils, besteht Anspruch auf Ausgleich. Auch wenn der Hinterlassene Erbteil die Hälfte des gesetzlichen Erbteil erreicht oder übersteigt (§ 2316). Vorsicht nicht mit dem vorherigen Satz verwechseln, bei dem zweiten Satz geht es um AUSGLEICH, nicht Ergänzung! Ich sage nur Rechtsanwalt, aber machen wir weiter.
Nicht jeder Erbe hat ein Anrecht auf einen Pflichtteil, genau wie bei der Erbunwürdigkeit (§ 2339) gibt es da Grenzen, die denen der Erbunwürdigkeit sehr ähneln.

§ 2333 Entziehung des Pflichtteils:

(1) Der Erblasser kann einem Abkömmling den Pflichtteil entziehen, wenn der Abkömmling

1. *Dem Erblasser, dem Ehegatten des Erblassers, einem anderen Abkömmling oder einer dem Erblasser ähnlich nahestehenden Person nach dem Leben trachtet,*
2. *Sich eines Verbrechens oder eines schweren vorsätzlichen Vergehens gegen eine der in Nummer 1 bezeichneten Personen schuldig macht,*
3. *Die ihm dem Erblasser gegenüber gesetzlich obliegende Unterhaltspflicht böswillig verletzt oder*
4. *Wegen einer vorsätzlichen Straftat zu einer Freiheitsstrafe von mindestens einem Jahr ohne Bewährung rechtskräftig verurteilt wird und die Teilhabe des Abkömmlings am Nachlass deshalb für den Erblasser unzumutbar ist. Gleiches gilt, wenn die Unterbringung des Abkömmlings in einem psychiatrischen Krankenhaus oder in einer Entziehungsanstalt wegen einer ähnlich schwerwiegenden vorsätzlichen Tat rechtskräftig angeordnet wird.*

(2) Absatz 1 gilt entsprechend für die Entziehung des Eltern- oder Ehegattenpflichtteils.

Harter Tobak, wie man so schön sagt, aber auch hier gilt die Möglichkeit des Abkömmlings sich beim Erblasser zu entschuldigen bzw. um

Verzeihung zu bitten. Die Entziehung des Pflichtteils geschieht nur durch die letztwillige Verfügung (Testament, Erbvertrag) des Erblassers und nur, dann wenn die im
§ 2333 genannten Taten zu dem Zeitpunkt begangen wurden, als die letztwillige Verfügung aufgesetzt wurde (§ 2336). Der letzte Paragraf im Abschnitt 5 des 5. Buches im BGB hat es noch mal in sich. Der Paragraf scheint mir eher für den gutbetuchten, verantwortungslosen Nachwuchs des Erblasser verfasst worden zu sein, aber lesen Sie selbst:

§ 2338 Pflichtteilsbeschränkung:

(1) Hat sich ein Abkömmling in solchem Maße der Verschwendung ergeben oder ist er in solchem Maße überschuldet, dass sein späterer Erwerb erheblich gefährdet wird, so kann der Erblasser das Pflichtteilsrecht des Abkömmlings durch die Anordnung beschränken, dass nach dem Tode des Abkömmlings dessen gesetzliche Erben das ihm Hinterlassene oder den ihm gebührenden Pflichtteil als Nacherben oder als Nachvermächtnisnehmer nach dem Verhältnis ihrer gesetzlichen Erbteile erhalten sollen. Der Erblasser kann auch für die Lebenszeit des Abkömmlings die Verwaltung einem Testamentsvollstrecker übertragen; der Abkömmling hat in einem solchem Falle Anspruch auf den jährlichen Reinertrag.

(2) Auf Anordnung dieser Art findet die Vorschrift des § 2336 Abs. 1 bis 3 entsprechende Anwendung. Die Anordnungen sind unwirksam, wenn zur Zeit des Erbfalls der Abkömmling sich dauernd von dem verschwenderischen Leben abgewendet hat oder die den Grund der Anordnung bildende Überschuldung nicht mehr besteht.

Mit anderen Worten, wenn ein Abkömmling verantwortungslos mit Geld um sich wirft und Schulden macht, ohne ein Einsehen zu haben, kann der Erblasser dafür sorgen, indem er es verfügt, dass nicht der Abkömmling den Pflichtteil erhält, sondern deren Abkömmling. Quasi eine Generation überspringt. Ebenso kann der Erblasser verfügen, dass ein Testamentsvollstrecker mit der Verwaltung des Geldes beauftragt wird. Dieser gibt dann dem Abkömmling jährlich oder monatlich einen festgesetzten Betrag. So soll verhindert werden, dass das Geld schnell verprasst wird. Stellt sich heraus, dass sich der Abkömmling geändert hat und verantwortungsvoll mit seinem Geld umgeht, dann bekommt er es als wäre nichts gewesen. Der Pflichtteil ist ein Teil des Erbrechts, da lässt sich nicht dran rütteln. Aber egal, ob man den Pflichtteil einfordert oder nicht, was in den Köpfen der Menschen vorgeht, wenn man es tut, lässt sich nicht lenken. Für den Pflichteilt gilt besonders: „Bei Geld hört die Freundschaft auf und beim Pflichtteil die Familie!"

Was ist ein Erbschein?

Den Erbschein bekommt man auf Antrag beim Nachlassgericht. Er ist ein offiziell, beglaubigter Nachweis dafür, dass man der Erbe des Erblassers ist und dass man als Rechtsnachfolger berechtigt ist, alles was mit dem Erblasser zu tun hat, zu verwalten bzw. in seinem Namen, ohne Vollmacht, zu agieren.
Die Frage, die Ihnen jetzt bestimmt durch den Kopf geht ist: Braucht man einen Erbschein? Wenn es z.B. ein Testament gibt, indem Sie eindeutig als Erbe eingetragen sind, genügt auch das als Nachweis. Sollte es keines geben und ein Institut, wie z.B. eine Bank, könnte einen Erbschein als Nachweis verlangen, sollten Sie einen beantragen. Natürlich ist das mit Kosten verbunden, die je nach Wert des Erbes nicht gerade wenig sein können. Aber keine Angst darüber reden wir noch. Dann können Sie immer noch für sich entscheiden, ob Sie den Erbschein beantragen möchten. Zu meinen eigenen Erfahrungen mit dem Erbschein kommen wir später.
Erstmal machen wir einen kleinen Ausflug in ein anderes Gesetz, nicht dem BGB, es nennt sich das „Gesetz über das Verfahren in Familiensachen und in den Angelegenheiten der freiwilligen Gerichtsbarkeit", kurz FamFG genannt. Zum Glück haben die das abgekürzt, ist ja so schon umständlich genug. Früher standen diese Angaben in den Paragrafen § 2353-2370 des BGB, für den Fall das Sie noch ein älteres Exemplar besitzen, können sie dort nachlagen.
Wie bereits erwähnt, stellt das Nachlassgericht nicht automatisch einen Erbschein aus, wenn man Erbe wird, man muss ihn selbst beim Nachlassgericht beantragen. Kleiner Hinweis von mir für den Fall, dass Sie nicht wissen, welches Nachlassgericht zuständig ist. Dort wo der Erblasser zuletzt gewohnt hat, das Nachlassgericht ist zuständig. Wer bei Gericht einen Erbschein beantragen möchte, muss lt. FamFG bei Gericht folgende Angaben machen:

> *§ 352 Angaben im Antrag auf Erteilung eines Erbscheins; Nachweis der Richtigkeit (alt: § 2354, 2356 BGB):*
>
> *(1) Wer die Erteilung eines Erbscheins als gesetzlicher Erbe beantragt, hat anzugeben:*

den Zeitpunkt des Todes des Erblassers,

1. *den letzten gewöhnlichen Aufenthalt und die Staatsangehörigkeit des Erblassers,*
2. *das Verhältnis, auf dem sein Erbrecht beruht,*
3. *ob und welche Personen vorhanden sind oder vorhanden waren, durch die er von der Erbfolge ausgeschlossen oder sein Erbteil gemindert werden würde,*
4. *ob und welche Verfügungen des Erblassers von Todes wegen vorhanden sind,*
5. *ob ein Rechtsstreit über sein Erbrecht anhängig ist.*
6. *dass er die Erbschaft angenommen hat,*
7. *die Größe seines Erbteils.*

Ist eine Person weggefallen, durch die der Antragsteller von der Erbfolge ausgeschlossen oder sein Erbteil gemindert werden würde, so hat der Antragsteller anzugeben, in welcher Weise die Person weggefallen ist.

(2) Wer die Erteilung des Erbscheins auf Grund einer Verfügung von Todes wegen beantragt, hat

1. *die Verfügung zu bezeichnen, auf der sein Erbteil beruht,*
2. *anzugeben, ob und welche sonstigen Verfügungen des Erblassers von Todes wegen vorhanden sind, und*
3. *die in Absatz 1 Satz 1 Nummer 1, 2 und 6 bis 8 sowie Satz 2 vorgeschriebenen Angaben machen.*

(3) Der Antragsteller hat die Richtigkeit der Angaben nach Absatz 1 Satz 1 Nummer 1 und 3 sowie Satz 2 durch öffentliche Urkunden nachzuweisen und im Falle des Absatzes 2 die Urkunde vorzulegen, auf der sein Erbrecht beruht. Sind die Urkunden nicht oder nur mit unverhältnismäßigen Schwierigkeiten zu beschaffen, so genügt die Angabe anderer Beweismittel. Zum Nachweis, dass der Erblasser zur Zeit seines Todes im Güterstand der Zugewinngemeinschaft gelebt hat, und zum Nachweis der übrigen nach den Absätzen 1 und 2 erforderlichen Angaben hat der Antragsteller vor Gericht oder vor einem Notar an Eides statt zu versichern, dass ihm nichts bekannt sei, was der Richtigkeit seiner Angaben entgegensteht. Das Nachlassgericht kann dem Antragsteller die Versicherung erlassen, wenn es sie für nicht erforderlich hält.

Viel Text und viele Informationen für den Anfang, aber das muss sein, denn sonst könnte jeder kommen und einen Antrag auf einen Erbschein machen. Man braucht also viel Papierkram für den Antrag, hilfreich dabei ist die Sterbeurkunde, ein Testament oder Erbvertrag (wenn vorhanden!) und natürlich Ausweispapiere, Abstammungs- oder Heiratsurkunden (oder einfach das Familienstammbuch mitnehmen!). Ist man Alleinerbe braucht man nur bei Gericht anzugeben, dass es keinen weiteren Erben gibt, dies wird dann auf dem Erschein vermerkt. Die Frage nach den Erbteil, richtet sich besonders an die Erbengemeinschaft, weil auch die Erbteile auf dem Erbschein vermerkt werden. Besonders Wichtig, auch hier gilt, wer mit Absicht falsche Angaben macht, kann nach § 156 Strafgesetzbuch zu einer Gefängnisstrafe von bis zu drei Jahren oder einer Geldstrafe verurteilt werden.
Deshalb immer daran denken: „Wer die Wahrheit sagt, hat nichts zu befürchten!"
Kommen wir wieder zurück zu der Erbengemeinschaft. Auch die können einen Erbschein beantragen, aber da muss nicht gleich jeder einzelne zum Gericht gehen, es genügt, wenn einer der Erben den Antrag stellt. Natürlich sollte dieser das Einverständnis aller haben, weil der Erbschein nicht umsonst ist. Der Auserwählte muss dann die Papiere der anderen mitnehmen. Schauen wir uns dazu folgenden Paragrafen an, der gibt dazu mehr Aufschluss.

§ 352a Gemeinschaftlicher Erbschein (alt § 2357 BGB):

(1) Sind mehrere Erben vorhanden, so ist auf Antrag ein gemeinschaftlicher Erbschein zu erteilen. Der Antrag kann von jedem der Erben gestellt werden.

(2) In dem Antrag sind die Erben und ihre Erbteile anzugeben. Die Angabe der Erbteile ist nicht erforderlich, wenn alle Antragsteller in dem Antrag auf die Aufnahme der Erbteile in den Erbschein verzichten.

(3) Wird der Antrag nicht von allen Erben gestellt, so hat er die Angabe zu enthalten, dass die übrigen Erben die Erbschaft angenommen haben. § 352 Absatz 3 gilt auch für die sich auf die übrigen Erben beziehenden Angaben des Antragstellers.

(4) Die Versicherung an Eides statt gemäß § 252 Absatz 3 Satz 3 ist von allen Erben abzugeben, sofern nicht das Nachlassgericht die Versicherung eines oder einiger von ihnen für ausreichend erachtet.

Ich denke das ist alles soweit klar, da ist nichts dabei, was wir nicht schon besprochen hätten bzw. was unklar ist. Im 4. Absatz wird von der Eidesstattlichen Versicherung gesprochen, das hat den Hintergrund, dass der Antragsteller bestätigen muss, dass die Angaben, die er gemacht hat, richtig sind. Das passiert in der Regel, wenn das Gericht der Meinung ist, dass da etwas nicht stimmt. Vor allem, wenn zwei Erben aus einer Erbengemeinschaft unterschiedliche Angaben machen, aus welchen Gründen auch immer.
Kommen wir nun zu einer nicht alltäglichen Besonderheit, nämlich für diejenigen unter ihnen, die Besitztümer im Ausland haben, auch diese sind für den Erbschein nicht unerheblich oder werden ignoriert, aber es gibt bestimmte Voraussetzungen.

§ 252c Gegenständlich beschränkter Erbschein (alt 2369 BGB):

(1) Gehören zu einer Erbschaft auch Gegenstände, die sich im Ausland befinden, kann der Antrag auf Erteilung eines Erbscheins auf die im Inland befindlichen Gegenstände beschränkt werden.

(2) Ein Gegenstand, für den von einer deutschen Behörde ein zur Eintragung des Berechtigten bestimmtes Buch oder Register geführt wird, gilt als im Inland befindlich. Ein Anspruch gilt als im Inland befindlich, wenn für die Klage ein deutsches Gericht zuständig ist.

Für die Behörden ist es schwer nachvollziehbar, weil sie keine Einsicht in anderer Länder Register haben, ob die Angaben stimmen. Deshalb wird die Eintragung im Erbschein auf die hier in Deutschland befindlichen Gegenstände beschränkt. Ein Beispiel für ein im Ausland befindlichen Gegenstand, der hier geführt wird, kann Ihr Auto sein, welches in Spanien an Ihrer Finka parkt, aber in Deutschland an ihrem Wohnort angemeldet ist. Die Finka wäre von vornherein ausgeschlossen.
Die Voraussetzungen für die Erteilung eines Erbscheins ist bei allen Erbscheinen gleich: Erteilt wird der Erbschein nur, wenn das Nachlassgericht bei der Prüfung der Angaben keine Unstimmigkeiten gefunden hat (vgl. § 352e FamFG). Denn wurden falsche Angaben beim Antrag gemacht, kann das Gericht den Erbschein für „kraftlos" erklären bzw. einziehen lassen. Kraftlos bedeutet umgangssprachlich so viel wie: „Damit kannst du dir dann den Hintern abputzen." Oder anders gesagt, der Erbschein ist nichts mehr wert (vgl. § 352e, § 2361 BGB).

Kosten des Erbscheins

Wir haben über den gesetzlichen Part gesprochen und die einzige Frage, die jetzt noch offenbleibt, ist: Was muss man für einen Erbschein bezahlen? Zum Glück gibt es eine Tabelle, die für alle gleichermaßen gilt und die man auf jeder Seite der Gerichte findet, wenn man ein wenig sucht. Für Nordrhein-Westfahlen findet man die Angaben auf der Internetpräsenz von www.justiz.nrw:

Wert des Nachlasses	Kosten für Erbschein
500 €	15 €
5.000 €	45 €
10.000 €	75 €
50.000 €	165 €
110.000 €	273 €
200.000 €	435 €
500.000 €	935 €
700.000 €	1.255 €
1.000.000 €	1.735 €

Tabelle 2: Kosten für den Erbschein

Wobei es sich hier nur um einen Auszug handelt, die komplette Tabelle finden Sie unter dem Kostenrechtsmodernisierungsgesetz, wo auch die Tabellen zu finden sind, wie viel ein Rechtsanwalt bzw. Notar zu berechnen hat, nur so als Hinweis. Beim Wert des Nachlasses sind die Nachlassverbindlichkeiten schon abgezogen worden. Sollte das Nachlassgericht eine Eidesstattliche Versicherung verlangen, wird die Gebühr doppelt berechnet.

Ein Beispiel gibt hier näheren Aufschluss:

Wenn der Wert des Nachlasses 50.000 € beträgt, liegen die Kosten für den Erbschein lt. Tabelle bei 935 €. Wird eine Eidesstattlicher Versicherung verlangt, kommen noch einmal 935 € dazu, dass macht in der Summe eine Gebühr von 1.870 €.

Ob Sie nun einen Erbschein beim Nachlassgericht beantragen, müssen Sie selber entscheiden, wie gesagt manchmal ist es sinnvoll, manchmal unnötig. Übrigens bei Streitfragen bzw. vor Gericht, ist ein Erbschein immer sinnvoll!

Der Erbvertrag § 2274

Der Erbvertrag ist vielen nicht so geläufig, weil das Testament bekannter ist und wahrscheinlich auch häufiger genutzt wird. Deswegen schauen wir uns den Erbvertrag genau an und werden auch die Unterschiede zum Testament erkennen. Es fängt schon im Inhaltsverzeichnis des BGB an, bzgl. des Umfangs des Erbscheins mit 28 Paragrafen, gegenüber des Testaments mit 208 Paragrafen. Wobei man dazu sagen muss, dass einige Paragrafen des Testaments gleichermaßen für den Erbschein gelten.

Nur der Erblasser persönlich kann einen Erbvertrag schließen, Voraussetzung hierfür ist, dass der Erblasser unbeschränkt geschäftsfähig ist. Bei Verheirateten muss nicht jeder Ehepartner einen Erbvertrag abschließen, das können beide zusammentun, auch wenn einer von Ihnen beschränkt geschäftsfähig ist. In diesem Falle ist der gesetzliche Vertreter, der Vormund hinzuziehen, oder eine Genehmigung des Familiengerichts einzuholen. Partner aus eingetragenen Lebenspartnerschaften können ebenso einen Erbvertrag abschließen, gleiches gilt, wenn die Partner nur verlobt sind. Für den Erbvertrag gilt, genau wie bei dem Testament, der Erbvertrag kann nur bei einem Notar geschlossen werden und dass nur wenn alle beteiligten (der Erblasser und deren Partner, nicht die Erben!) anwesend sind (s.a. § 2276 Form Abs. 1).
Ein wenig verwirrend dürfte sein, dass in den Paragrafen immer vom Erblasser gesprochen wird, obwohl dieser augenscheinlich leben muss, um einen Erbvertrag aufsetzen zu lassen. Und das stimmt, es wird hier vom Erblasser gesprochen, weil es hier um den letzten Willen dieser Person geht.
Bei Ehepartnern muss man den Erbvertrag als zwei einzelne Verträge, in einem zusammengefassten Vertrag sehen, denn jeder Ehepartner kann seine eigenen Verfügungen für seinen Todesfall im gemeinsamen Erbvertrag erwirken (§ 2278 Abs. 1 /s.a. § 2299 Einseitige Verfügung, Abs. 1). Allerdings gibt es Grenzen, wie das nur Erbeinsetzungen, Vermächtnisse und Auflagen im Sinne des Gesetztes getroffen werden können. Für Zuwendungen gilt im Erbvertrag folgendes:

§ 2279 Vertragsmäßige Zuwendungen und Auflagen:

(1) Auf vertragsmäßige Zuwendungen und Auflagen finden die für letztwillige Zuwendungen und Auflagen geltenden Vorschriften entsprechende Anwendung.

(2) *Die Vorschrift des § 2077 gilt für einen Ehevertrag zwischen Ehegatten, Lebenspartnern oder Verlobten auch insoweit, als ein Dritter bedacht ist.*

§ 516 Begriff der Schenkung:

(1) *Eine Zuwendung, durch die jemand aus seinem Vermögen einen anderen bereichert, ist Schenkung, wenn beide Teile darüber einig sind, dass die Zuwendung unentgeltlich erfolgt. ...*

Bevor wir uns um den Paragrafen § 2279 kümmern, möchte ich noch kurz auf die „Zuwendung" eingehen, deshalb auch der § 516 BGB. Eine im juristischen Gebrauch angewandte Zuwendung ist einfach gesagt ein „Geschenk". Hier handelt es sich nicht um Puppen oder Autos oder dergleichen, sondern eher um Geldgeschenke. Der Begriff der „Schenkung" bedeutet, dürfte aber auch jedem klar sein, keine Gegenleistung zu bekommen! Denn bei einer Gegenleistung wären wir bei einer Leihgabe oder einem Kredit.
Zurück zum § 2279. Da im Gesetz die Zuwendungen (§ 516-534) und die Auflagen (§ 2192-2196) gesondert geregelt sind, entsprechen derer die Anwendung bei der Erstellung eines Erbvertrages. Der 2. Absatz bezieht sich auf folgenden Paragrafen:

§ 2077 Unwirksamkeit letztwilliger Verfügung bei Auflösung der Ehe oder Verlobung:

(1) *Eine letztwillige Verfügung, durch die der Erblasser seinen Ehegatten bedacht hat, ist unwirksam, wenn die Ehe vor dem Tode des Erblassers aufgelöst worden ist. ... ff*

(2) *Eine letztwillige Verfügung, durch die der Erblasser seinen Verlobten bedacht hat, ist unwirksam, wenn das Verlöbnis vor dem Tode des Erblassers aufgelöst worden ist.*

(3) *Die Verfügung ist nicht unwirksam, wenn anzunehmen ist, dass der Erblasser sie auch für einen solchen Fall getroffen haben würde.*

Kurz gesagt, ist die Ehe geschieden oder die Verlobung gelöst, ist der Erbvertrag oder das Testament unwirksam, natürlich gibt es auch hier eine Ausnahme, nämlich wenn der Erblasser in seinem Erbvertrag den Ex-Partner auch für den Fall einer Scheidung bedacht hat.

Wie Sie sehen, springen wir im BGB munter hin und her, das liegt daran, dass viele Paragrafen für andere Bereiche gelten. In meinen Augen ein Grund dafür, dass sich jeder Haushalt ein BGB zulegt.
Der nächste Paragrafen gilt zwar für das gemeinschaftliche Testament, ist aber als Verweis im ähnlichen Paragrafen des Erbvertrags aufgeführt, deshalb schauen wir uns beide gleich an:

§ 2269 Gegenseitige Einsetzung:

(1) Haben die Ehegatten in einem gemeinschaftlichen Testament, durch das sie sich gegenseitig als Erben einsetzen, bestimmt, dass nach dem Tode des Überlebenden der beiderseitige Nachlass an einen Dritten fallen soll, so ist im Zweifel anzunehmen, dass der Dritte für den gesamten Nachlass als Erbe des zuletzt versterbenden Ehegatten eingesetzt ist.

(2) Haben die Ehegatten in einem solchen Testament ein Vermächtnis angeordnet, das nach dem Tode des Überlebenden erfüllt werden soll, so ist im Zweifel anzunehmen, dass das Vermächtnis dem Bedachten erst mit dem Tode des Überlebenden anfallen soll.

§ 2280 Anwendung von § 2269:

Haben Ehegatten oder Lebenspartner in einem Erbvertrag, durch den sie sich gegenseitig als Erben einsetzen, bestimmt, dass nach dem Tode des Überlebenden der beiderseitige Nachlass an einen Dritten fallen soll, oder ein Vermächtnis angeordnet, das nach dem Tode des Überlebenden zu erfüllen ist, so findet die Vorschrift des § 2269 entsprechende Anwendung.

Einfach erklärt bedeutet das, dass sich die Ehepartner gegenseitig als Begünstigte in das Testament eintragen, d.h., wenn einer von beiden stirbt erbt der überlebende Ehegatte. Jetzt ist hier aber von einem Dritten die Rede, bedeutet, dass wenn beide Ehegatten gestorben sind, der Dritte den Nachlass erbt. Bezüglich des Vermächtnisses gilt dasselbe, das Vermächtnis soll erst mit dem Tod des zweiten Ehegatten in Kraft treten. Wobei „der Dritte" nicht unbedingt ein Erbe der Ordnungen sein muss, aber das wissen wir ja längst.

Anfechtung eines Erbvertrages

Der Erbvertrag ist ein gültiger Vertrag zwischen den Vertragsparteien und da dieser notariell beurkundet ist, kann er auch nur durch einen Notar verändert oder gelöscht werden, natürlich nur vom Erblasser. Der Erblasser kann wegen verschiedenster Dinge Einwand, gegen den von ihm aufgesetzten Erbvertrag erheben, die sog. Anfechtung. Wenn z.B. ein Irrtum oder gar eine Drohung vorliegt. Es soll schon oft vorgekommen sein, dass Menschen dazu gezwungen wurden einen Erbvertrag aufzusetzen, zu Gunsten einer bestimmten Person, die als Alleinerbe eingesetzt werden wollte. Natürlich ist so etwas illegal und auch nicht mit Erfolg gekrönt, denn:

§ 2078 Anfechtung wegen Irrtums oder Drohung:

(1) Eine letztwillige Verfügung kann angefochten werden, soweit der Erblasser über den Inhalt seiner Erklärung im Irrtum war oder eine Erklärung dieses Inhalts überhaupt nicht abgeben wollte und anzunehmen ist, dass er die Erklärung bei Kenntnis der Sachlage nicht abgegeben haben würde.

(2) Das Gleiche gilt, soweit der Erblasser zu der Verfügung durch die irrige Annahme oder Erwartung des Eintritts oder Nichteintritts eines Umstands oder widerrechtlich durch Drohung bestimmt worden ist.

(3) Die Vorschrift des § 122 findet keine Anwendung.

Da haben wir´s, der Erblasser kann immer noch alles Rückgängig machen, vor allem wenn er dazu gezwungen wurde. Natürlich muss nicht immer eine Drohung vorliegen. Ein Irrtum kann auch vorliegen, wenn der Erblasser sich z.B. in einer Adresse eines Erben geirrt hat und diese korrigiert werden muss (s.a. § 119 Anfechtung wegen Irrtums - ist derselbe Wortlaut). Oder ein weiterer Enkel geboren wurde und der Erbvertrag angepasst werden muss. Es gibt da viele Möglichkeiten.
Im 3. Absatz wird der Paragraf § 122 Schadenersatzpflicht des Anfechtenden, erwähnt, der aber hier nicht zu Tragen kommt.
Die Gründe, die ich bis jetzt genannt habe, waren eher das man sich vertan hat oder etwas vergessen bzw. nachträglich angepasst hat. Im nächsten Paragrafen geht es darum, dass der Erblasser einen oder mehrere Pflichtteilsberechtigte u.a. absichtlich vergessen hat und da der Paragraf gleichermaßen für das Testament gilt, sehen wir ihn uns etwas genauer an:

§ 2079 Anfechtung wegen Übergehung eines Pflichtteilsberechtigten:

Eine letztwillige Verfügung kann angefochten werden, wenn der Erblasser einen zur Zeit des Erbfalls vorhandenen Pflichtteilsberechtigten übergangen hat, dessen Vorhandensein ihm bei der Errichtung der Verfügung nicht bekannt war oder der erst nach der Errichtung geboren oder pflichtteilsberechtigt geworden ist. Die Anfechtung ist ausgeschlossen, soweit anzunehmen ist, dass der Erblasser auch bei Kenntnis der Sachlage die Verfügung getroffen haben würde.

Ich weiß ehrlich gesagt nicht wie weit man bei einem Notar aufgeklärt wird, was wohl auch am Notar liegt, aber es kann passieren, Ihnen jetzt nicht mehr, dass der Erblasser gar nicht weiß, was ein Pflichtteilsberechtigter überhaupt ist. Also ihn nicht böswillig ausgeschlossen hat oder eben doch. Wie ich es schon weiter oben angesprochen hatte, kann es passieren, dass ein Enkel oder ein Abkömmling noch geboren wird und somit auch Pflichtteilsberechtigter sein kann (kommt auf die Ordnung an!). Wurde aber der Erblasser von dem Notar darüber unterrichtet, was ein Pflichtteilsberechtigter ist und dieser weiß was es bedeutet einen Pflichtteilsberechtigten auszuschließen, dann ist die Anfechtung generell ausgeschlossen. Genau, wie wenn das Anfechtungsrecht des Erblassers erloschen ist, dann kann ein Erbvertrag auch durch Dritte (Ehepartner/Lebenspartner) nicht mehr angefochten werden.
Die Anfechtung hat, damit man nicht mehrmals zum Notar gehen muss, kostet jedes Mal aufs Neue Geld, Grenzen. Die Anfechtungsfrist gilt innerhalb eines Jahres (§ 2283) und beginnt, bei Drohung, erst ab dem Zeitpunkt indem der Erblasser nicht mehr bedroht wird. Die Verjährungsfrist in dem Fall ist gehemmt (höhere Gewalt) und beläuft sich nach Wegfall auf sechs Monate (§ 206). Hoffen wir das es nie so weit kommt.
Nochmal zurück zum Pflichtteilsberechtigten oder anderen Erben, die der Erblasser per Erbvertrag ausgeschlossen hat. Es kann vorkommen, dass der Erblasser diesen Personen, nennen wir sie mal „die Ausgeschlossenen", als „Entschädigung" für den Ausschluss eine Schenkung macht. Oder dass der Erblasser, um das Vermögen zu mindern bzw. den Nachlass, einfach jemanden Geld schenkt. So kann der Erbe, und jetzt wird´s gemein, die Schenkung vom Ausgeschlossenen wieder zurückverlangen (§ 2287 Abs.1). Das wäre sein gutes Recht, denn es

würde sich nach BGB um eine ungerechtfertigte Bereicherung handeln. Ob man dann als Geldgierig angeprangert wird, ist eine andere Geschichte. Anders ist es, wenn der Erblasser einem Bedachten z.B. einen Gegenstand aus dem Nachlass nicht gönnt und ihn veräußert, zerstört oder belastet, dann hat der Erbe das Nachsehen. Er muss dem Vermächtnisnehmer bzw. dem Bedachten den Gegenstand rausgeben, wie es im Erbvertrag vorgesehen ist. Schulden, die auf dem Gegenstand lasten, sind vom Erben zu begleichen. Ist der Gegenstand zerstört oder nicht wiederbeschaffbar, kann der Erbe auch stattdessen den Wert des Gegenstandes auszahlen (§ 2288 /s.a. § 2170).

Aufhebung eines Erbvertrages

Nicht zu verwechseln mit der Anfechtung. Wir haben gelernt bei der Anfechtung werden Irrtümer beseitigt u.a. Bei der Aufhebung allerdings wird entweder eine Verfügung oder der gesamte Erbvertrag aufgehoben bzw. durch einen anderen Vertrag z.B. einem Testament ersetzt. Natürlich gibt es auch hier wieder Parallelen zum Testament, wie eben schon erwähnt:

> *§ 2289 Wirkung des Erbvertrages auf letztwillige Verfügungen:*
>
> *(1) Durch den Erbvertrag wird eine frühere letztwillige Verfügung des Erblassers aufgehoben, soweit sie das Recht des vertragsmäßig Bedachten beeinträchtigen würde. In dem gleichen Umfang ist eine spätere Verfügung von Todes wegen unwirksam, unbeschadet der Vorschrift des § 2297.*
>
> *(2) Ist der Bedachte ein pflichtteilsberechtigter Abkömmling des Erblassers, so kann der Erblasser durch eine spätere letztwillige Verfügung die nach § 2338 zulässigen Anordnungen treffen.*

Der Erbvertrag ersetzt also das Testament, übrigens gilt es umgekehrt genauso. Die Aufhebung kann auch durch ein gemeinschaftliches Testament erfolgen, was aber nur zwischen Ehegatten oder Lebenspartnern möglich ist. Wenn es um ein Vermächtnis oder eine Auflage geht können diese ebenso durch ein Testament aufgehoben werden, allerdings müssen auch hier alle Vertragsparteien einverstanden sein.

Der Zeitpunkt wann eine letztwillige Verfügung gestellt wird, ist dabei nicht relevant, der Erblasser kann dies zu jeder Zeit machen. Bezogen auf die Pflichtteilsberechtigten gilt der Paragraf § 2338 zu berücksichtigen,

den wir schon aus dem Pflichtteil kennen. Zur Erinnerung es ging darum, dass wenn sich der Pflichtteilsberechtigte der Verschwendung hingibt, der Erblasser Vorkehrungen treffen kann, die verhindern, dass das Geld z.B. auf einmal ausgezahlt wird.
Man benötigt kein Testament, um einen Erbvertrag aufzuheben, man kann auch einen Teil des Erbvertrages aufheben lassen (s.a. § 2299 Abs. 3, Seite: 58):

§ 2290 Aufhebung durch Vertrag:

(1) Ein Erbvertrag sowie eine einzelne vertragsmäßige Verfügung kann durch Vertrag von den Personen aufgehoben werden, die den Erbvertrag geschlossen haben. Nach dem Tode einer dieser Personen kann die Aufhebung nicht mehr erfolgen.

(2) Der Erblasser kann den Vertrag nur persönlich schließen.

(3) Ist für den anderen Teil ein Betreuer bestellt und wird die Aufhebung vom Aufgabenkreis des Betreuers erfasst, ist die Genehmigung des Betreuungsgerichts erforderlich.

(4) Der Vertrag bedarf der in § 2276 für den Erbvertrag vorgeschriebenen Form.

Ich denke die drei ersten Absätze sprechen für sich. Der Bezug auf den Paragrafen im 4. Absatz bezieht sich darauf, dass der Erbvertrag nur bei einem Notar in Anwesenheit der Vertragsparteien (beide Eheleute/Lebensgefährten) geschlossen werden kann.

Rücktritt vom Erbvertrag

Wir kennen die Anfechtung, die Aufhebung und nun kommen wir zum Rücktritt vom Erbvertrag. Der, wie die anderen auch mit Kosten verbunden ist.
Genau wie bei den anderen gilt auch hier: nur der Erblasser kann den Rücktritt anordnen und natürlich nur notariell. Dies geht nur, wenn der Erblasser in seinem Erbvertrag eine Rücktrittsklausel aufgenommen hat, sprich „Rücktritt unter Vorbehalt".
Es gibt noch andere Formen des Rücktritts in einem Erbvertrag, z.B. wenn der Erblasser mit einem seiner Bedachten ein Problem hat, weil dieser sich einer Straftat schuldig gemacht hat, oder der Erblasser berechtigt ist ihm seinen Pflichtteil zu entziehen oder aber auch wenn der Bedachte ein Abkömmling wäre, dann würde der Paragraf § 2294 Rücktritt bei

Verfehlungen des Bedachten, greifen. Sollte der Erblasser gegenüber des Bedachten Unterhaltspflichtig sein und er hätte in seinem Erbvertrag verfügt, dass der Bedachte nach seinem Tod weiterhin Unterhalt bekommt, kann er, wenn die Unterhaltszahlungen vor seinem Tod eingestellt werden, von dieser Verfügung in seinem Erbvertrag zurücktreten, lt. § 2295 Rücktritt bei Aufhebung der Gegenverpflichtung. Sollte der andere Vertragsschließende (Ehe- oder Lebenspartner) vor dem Erblasser sterben, und ist dieser zum Rücktritt berechtigt, kann er die vertragsmäße Verfügung durch Testament aufheben. Der Paragraf § 2336 Abs. 2 und 3 sind zu beachten, wo es um die Entziehung des Pflichtteils geht.
Ganz wichtig, besonders Absatz 2 des folgenden Paragrafen:

§ 2298 Gegenseitiger Erbvertrag:

(1) Sind in einem Erbvertrag von beiden Teilen vertragsmäßige Verfügungen getroffen, so hat die Nichtigkeit einer dieser Verfügungen die Unwirksamkeit des ganzen Vertrages zur Folge.

(2) Ist in einem solchen Vertrag der Rücktritt vorbehalten, so wird durch Rücktritt eines der Vertragsschließenden der ganze Vertrag aufgehoben. Das Rücktrittsrecht erlischt mit dem Tode des anderen Vertragsschließenden. Der Überlebende kann jedoch, wenn er das ihm durch den Vertrag Zugewendete ausschlägt, seine Verfügung durch Testament aufheben.

(3) Die Vorschriften des Absatzes 1 und des Absatzes 2 Sätze 1 und 2 finden keine Anwendung, wenn ein anderer Wille der Vertragsschließenden anzunehmen ist.

Wenn also einer der Vertragsschließenden zurücktritt, ist der „ganze Vertrag" aufgehoben! Da liegt die Gefahr, dann muss der andere Vertragsschließende einen neuen Erbvertrag aufsetzen. Oder man hätte von vornherein zwei Erbverträge aufsetzten lassen sollen, das ist aber nur meine Meinung. Stirbt der „Andere" so gibt es kein Rücktrittsrecht mehr (Absatz 2). Jetzt wird es noch mal interessant, also die Nichtigkeit einer Verfügung kann dafür sorgen, dass der gesamte Vertrag unwirksam wird. Wir wissen Verfügungen dürfen nicht gesetzeswidrig sein, sonst sind sie sowieso unwirksam. Nur das dadurch ein ganzer Vertrag unwirksam wird, ist neu. Kurz und gut, haben die Vertragsschließenden kein Rücktrittsrecht

eintragen lassen, braucht man den Paragrafen nicht zu beachten, gleiches gilt, wenn sie etwas anderes haben eintragen lassen.
Sehen wir uns den schon oft zitierten Paragrafen § 2299 an, einiges wird Ihnen bekannt vorkommen.

> *§ 2299 Einseitige Verfügung:*
>
> *(1) Jeder der Vertragsschließenden kann in dem Erbvertrag einseitig jede Verfügung treffen, die durch Testament getroffen werden kann.*
>
> *(2) Für eine Verfügung dieser Art gilt das Gleiche, wie wenn sie durch Testament getroffen worden wäre. Die Verfügung kann auch in einem Vertrag aufgehoben werden, durch den eine vertragsmäßige Verfügung aufgehoben wird.*
>
> *(3) Wird der Erbvertrag durch Ausübung des Rücktrittsrechts oder durch Vertrag aufgehoben, so tritt die Verfügung außer Kraft, sofern nicht ein anderer Wille des Erblassers anzunehmen ist.*

Wie gesagt, eigentlich haben wir schon über diesen Paragrafen gesprochen. Der Form halber habe ich ihn hier aufgeführt. Der folgende Paragraf ist insofern relevant, weil er ebenso für das Testament gilt, wie auch für den Erbvertrag. Auf den im Paragrafen genannten Paragrafen § 2259 werde ich im Zuge des Testaments näher eingehen. Hier nur so viel, in dem Paragrafen geht es darum, dass nach dem Tod des Erblassers ein Testament, welches sich in amtlicher Verwahrung oder im Privatbesitz befindet, an das Nachlassgericht übergeben werden muss. Der Paragraf § 2263 spielt darauf an, dass eine Verzögerung das Testament nicht nach dem Tod des Erblassers zu eröffnen, nichtig ist.

> *§ 2300 Anwendung der §§ 2259 und 2263; Rücknahme aus der amtlichen oder notariellen Verwahrung:*
>
> *(1) Die §§ 2259 und 2263 sind auf den Erbvertrag entsprechend anzuwenden.*
>
> *(2) Ein Erbvertrag, der nur Verfügungen von Todes wegen enthält, kann aus der amtlichen oder notariellen Verwahrung zurückgenommen und den Vertragsschließenden zurückgegeben werden. Die Rückgabe kann nur an alle Vertragsschließenden gemeinschaftlich erfolgen; die Vorschrift des § 2290 Abs. 1 Satz 2, Abs. 2 und 3 findet Anwendung. Wird ein*

Erbvertrag nach den Sätzen 1 und 2 zurückgenommen, gilt § 2256 Abs. 1 entsprechend.

Der Erblasser kann also den Erbvertrag zu Hause aufbewahren, aber sollte er sterben muss der Erbvertrag dem Nachlassgericht übergeben werden. Warum? Weil das Nachlassgericht die eingetragenen Erben informiert. Über § 2290 haben wir im Zuge der Aufhebung gesprochen. Der Inhalt des im 2. Absatz erwähnten Paragraf § 2256 Abs. 1, gibt die Rückgabe eines Testaments aus der amtlichen Verwahrung wieder.
Der letzte Paragraf ist wohl der wichtigste überhaupt und im ersten Moment nicht leicht zu verstehen:

§ 2302 Unbeschränkte Testierfreiheit:

Ein Vertrag, durch den sich jemand verpflichtet, eine Verfügung von Todes wegen zu errichten oder nicht zu errichten, aufzuheben oder nicht aufzuheben, ist nichtig.

Haben Sie den Inhalt verstanden? Mal ganz ehrlich? Ein Erblasser hat grundsätzlich das Recht sein Vermögen so zu verteilen, wie er es möchte und an wen er es möchte. Dazu hat er rechtlich gesehen zwei Möglichkeiten: einen Erbvertrag aufsetzen zu lassen oder ein Testament. Es kann ihm oder ihr keiner sagen: „Setz mal einen Vertrag auf und schreib mich als Erben rein." Das geht nicht und ist von vorn herein nichtig.

Und da wir schon so viel davon gesprochen haben und wir mit dem Erbvertrag durch sind, wäre es nur sinnvoll mit dem Testament fortzufahren, was sehr viel komplexer ist, als der Erbvertrag, aber beurteilen Sie selbst.

Das Testament § 2064

Jeder kennt es oder hat zumindest schon mal davon gehört, egal ob über Bekannte, Verwandte oder aus einem Film. Das Testament, oft „letzter Wille" genannt, dient dem Verstorbenen dazu sein Vermögen an die Menschen zu verteilen, die ihm etwas bedeuten oder eben diejenigen auszuschließen, die seiner Meinung nach, nichts erben sollen. Klingt nach dem Erbvertrag, dennoch gibt es Unterschiede, oder wussten Sie, dass es vier Arten von Testamenten gibt? Aber das ein Testament unwirksam sein kann bzw. anfechtbar ist, ist Ihnen spätestens durch den Erbvertrag nicht neu.
Das Testament ist komplexer, als der Erbvertrag und dennoch wird Ihnen einiges Bekannt vorkommen.
Im Laufe dieses Abschnittes klären wir folgende Fragen:

- Wer kann ein Testament aufsetzen?
- Kann ich das Testament handschriftlich erfassen?
- Muss ich ein Testament beim Notar erstellen lassen?
- Was ist, wenn ich in letzter Minute noch ein Testament aufsetzen möchte?

Aufsetzen eines Testaments

Im Grunde genommen kann jeder, der das 16. Lebensjahr vollendet hat, ein Testament aufsetzen, außer er oder sie ist dazu geistig nicht in der Lage. Ist er oder sie dazu geistig in der Lage, bedarf es nicht, wie bei anderen Rechtsgeschäften vor der Volljährigkeit, der Zustimmung der Eltern (§ 2229, Abs. 1-4), um ein Testament aufzusetzen.
Wie bereits erwähnt, gibt es vier Arten von Testamenten zu unterscheiden:

- Das ordentliche Testament
- Das eigenhändige Testament
- Das öffentliche Testament
- Das Nottestament

Mindestens zwei davon kennt jeder, wie Sie gleich feststellen werden. Das ordentliche Testament ist nur ein Oberbegriff für die anderen drei Testamente. Ein Testament kann in ordentlicher Form durch eine Erklärung (eigenhändiges Testament) des Erblassers und zur Niederschrift bei einem Notar abgegeben werden (§ 2231 Ordentliche Testamente).

Das eigenhändige Testament (§ 2247)
Da das eigenhändige Testament Statuten erfordert und es wichtig ist, diese einzuhalten, schauen wir uns dazu den Paragrafen etwas genauer an.

§ 2247 Eigenhändiges Testament:

(1) Der Erblasser kann ein Testament durch eine eigenhändig geschriebene und unterschriebene Erklärung errichten.

(2) Der Erblasser soll in der Erklärung angeben, zu welcher Zeit (Tag, Monat und Jahr) und an welchem Orte er sie niedergeschrieben hat.

(3) Die Unterschrift soll den Vornamen und den Familiennamen des Erblassers enthalten. Unterschreibt der Erblasser in anderer Weise und reicht diese Unterzeichnung zur Feststellung der Urheberschaft des Erblassers und der Ernstlichkeit seiner Erklärung aus, so steht eine solche Unterzeichnung der Gültigkeit des Testaments nicht entgegen.

(4) Wer minderjährig ist oder Geschriebenes nicht zu lesen vermag, kann ein Testament nicht nach obigen Vorschriften erreichten.

(5) Enthält ein nach Absatz 1 errichtetes Testament keine Angabe über die Zeit der Errichtung und ergeben sich hieraus Zweifel über seine Gültigkeit, so ist das Testament nur dann als gültig anzusehen, wenn sich die notwendigen Feststellungen über die Zeit der Errichtung anderweit treffen lassen. Dasselbe gilt entsprechend für ein Testament, das keine Angabe über den Ort der Errichtung enthält.

Damit hätten wir schon mal wieder eine unserer Fragen geklärt, man kann also zu Hause am Tisch ein Testament aufsetzen indem man alle seine Wünsche formuliert. Der Erblasser muss aber hier schon ein paar Regeln beachten, Datum und Ort der Errichtung muss er auf dem Schreiben festhalten und er muss das Schriftstück mit vollem Namen unterschreiben. Und auch schon in der Schule galt, kann der Lehrer es nicht entziffern, gibt es eine Sechs. Nur hier gibt es keine Noten, sondern es wäre kein Testament. Die Angabe von Ort und Zeit sind indem Fall äußerst wichtig, denn fehlen diese Angaben, kann das Testament für ungültig erklärt werden, sollten die Angaben nicht auf andere Weise ermittelbar sein. Die

Verwahrung des eigenhändigen Testaments obliegt dem Erblasser, dieser kann es aber auch in amtliche Verwahrung geben, wenn es ihm sicherer erscheint. Und damit wäre wieder eine unserer Fragen geklärt, man braucht keinen Notar, für die Aufbewahrung eines handschriftlichen Testaments.

Das öffentliche Testament (§ 2232)

Das bedeutet nicht, dass das öffentliche Testament in der Zeitung erscheint oder im Internet veröffentlich wird. Es ist viel simpler als sie denken.

Stellen Sie sich folgende Situation vor:

Sie haben zu Hause am Küchentisch ihr Testament verfasst, wollen es aber einem Notar zur Aufbewahrung überlassen, also machen Sie einen Termin. Am Tag des Termins sitzen Sie im Büro des Notars und werden um ihr Testament gebeten. Jetzt haben Sie zwei Möglichkeiten, entweder Sie geben ihrem Notar das Testament in einem verschlossenen Umschlag oder Sie reichen ihm das Testament einfach offen in die Hand. Der Unterschied besteht nicht nur darin, dass es sich dann öffentliches Testament nennen darf, sondern auch das es, wenn Sie es in einem verschlossenen Umschlag übergeben, für den Notar tabu ist. Wie für jeden anderen auch, sollten Sie es zu Hause aufbewahren!

Öffentlich heißt also in dem Sinne, direkt einsehbar, nicht versteckt, eben offen. Sie haben die Wahl zu entscheiden, ob Sie ein öffentliches Testament übergeben möchten oder nicht, ein Minderjähriger hingegen muss das Testament offen vorlegen, außer er lässt es direkt beim Notar aufsetzen. Eine Kleinigkeit gilt es noch zu erwähnen, ist der Erblasser Analphabet bzw. nicht in der Lage, seinen letzten Willen zu formulieren, so muss der Notar die Willenserklärung für ihn aufsetzen (§ 2233 Abs. 2).

Das Nottestament (§ 2249)

Das Nottestament wird, wie es der Name schon vermuten lässt, nicht Jahre oder Monate vor dem Tod des Erblassers aufgesetzt, sondern eher in den letzten Tagen oder sogar Stunden! In den Filmen wird es oft so dargestellt, dass der Sterbende seinen Notar an sein Sterbebett wünscht und ihm in den letzten Stunden seines Daseins, seinen letzten Willen diktiert. Die Familie indes wartet draußen vor der Tür und spekuliert, wer was bekommt.

Ganz so falsch liegt man da nicht, nur mit dem Unterschied, dass ein Nottestament in der Regel ohne Anwesenheit eines Notars geschlossen wird. Das Gesetz unterscheidet drei Arten von Nottestamenten:

- Das Nottestament vor dem Bürgermeister
- Das Nottestament vor drei Zeugen
- Das Nottestament auf See

Aber schauen wir uns die drei Nottestamente mal etwas genau an.

§ 2249 Nottestament vor dem Bürgermeister:

(1) Ist zu besorgen, dass der Erblasser früher sterben werde, als die Errichtung eines Testaments vor einem Notar möglich ist, so kann er das Testament zur Niederschrift des Bürgermeisters der Gemeinde, in der er sich aufhält, errichten. Der Bürgermeister muss zu der Beurkundung zwei Zeugen zuziehen. Als Zeuge kann nicht hinzugezogen werden, wer in dem zu beurkundenden Testament bedacht oder zum Testamentsvollstrecker ernannt wird; die Vorschriften der §§ 7 und 27 des Bundesbeurkundungsgesetzes gelten entsprechend. Für die Errichtung gelten die Vorschriften der §§ 2232, 2233 sowie die Vorschriften der §§ 2, 4, 5 Abs. 1, §§ 6 bis 10, 11 Abs. 1 Satz 2, Abs. 2, § 13 Abs. 1, 3, §§ 16 , 17, 23, 24, 26 Abs. 1 Nr. 3, 4, Abs. 2, §§ 27, 28, 30, 32, 34, 35 des Beurkundungsgesetzes; der Bürgermeister tritt an die Stelle des Notars. Die Niederschrift muss auch von den Zeugen unterschrieben werden. Vermag der Erblasser nach seinen Angaben oder nach der Überzeugung des Bürgermeisters seinen Namen nicht zu schreiben, so wird die Unterschrift des Erblassers durch die Feststellung dieser Angabe oder Überzeugung in der Niederschrift ersetzt.

(2) Die Besorgnis, dass die Errichtung eines Testaments vor einem Notar nicht mehr möglich sein werde, soll in der Niederschrift festgestellt werden. Der Gültigkeit des Testaments steht nicht entgegen, dass die Besorgnis nicht begründet war.

(3) Der Bürgermeister soll den Erblasser darauf hinweisen, dass das Testament seine Gültigkeit verliert, wenn der Erblasser den Ablauf der in § 2252 Abs. 1, 2 vorgesehenen Frist überlebt. Er soll in der Niederschrift feststellen, dass dieser Hinweis gegeben ist.

(4) (aufgehoben)

(5) *Das Testament kann auch vor demjenigen errichtet werden, der nach den gesetzlichen Vorschriften zur Vertretung des Bürgermeisters befugt ist. Der Vertreter soll in der Niederschrift angeben, worauf sich seine Vertretungsbefugnis stützt.*

(6) *Sind die Abfassung der Niederschrift über die Errichtung des in den vorstehenden Absätzen vorgesehenen Testaments Formfehler unterlaufen, ist aber dennoch mit Sicherheit anzunehmen, dass das Testament eine zuverlässige Wiedergabe der Erklärung des Erblassers enthält, so steht der Formverstoß der Wirksamkeit der Beurkundung nicht entgegen.*

Na das war jetzt mal viel Text. Also wenn der Erblasser unerwartet sterben könnte und kein Notar zu gegen ist, kann der Bürgermeister der Gemeinde das Testament aufsetzten bzw. aufbewahren. Nicht das Sie jetzt alles zum Bürgermeister rennen! Der Bürgermeister muss mindestens zwei Zeugen zugegen haben, die aber nicht aus gesetzlichen Erben oder anderen Bedachten bestehen. Das Beurkundungsgesetz muss als Richtlinie genommen werden. Wir werden der Form halber später zu dem Beurkundungsgesetz kommen, auch wenn es eigentlich nur für Notare gedacht ist, aber im Zuge des Nottestaments vor drei Zeugen, sollten auch Sie schon mal etwas über den Inhalt des Beurkundungsgesetzes gehört haben.
Ich denke die Absätze 2, 5 und 6 sind klar, interessanter ist der Absatz 3. In dem Absatz wird von einer Gültigkeit, die das Nottestament bzw. alle Nottestamente besitzen, gesprochen:

§ 2252 Gültigkeitsdauer der Nottestamente:

(1) *Ein nach § 2249, § 2250 oder § 2251 errichtetes Testament gilt als nicht errichtet, wenn seit der Errichtung drei Monate verstrichen sind und der Erblasser noch lebt.*

(2) *Beginn und Lauf der Frist sind gehemmt, solange der Erblasser außerstande ist, ein Testament vor einem Notar zu errichten.*

(3) *Tritt im Falle des § 2251 der Erblasser vor Ablauf der Frist eine neue Seereise an, so wird die Frist mit der Wirkung unterbrochen, dass nach Beendigung der neuen Reise die volle Frist von neuem zu laufen beginnt.*

(4) *Wird der Erblasser nach dem Ablauf der Frist für tot erklärt oder wird seine Todeszeit nach den Vorschriften des Verschollenheitsgesetzes festgestellt, so behält das Testament seine Kraft, wenn die Frist zu der Zeit, zu welcher der Erblasser nach den vorhandenen Nachrichten noch gelebt hat, noch nicht verstrichen war.*

Die Frist für ein Nottestament beträgt demnach drei Monate, ist aber dehnbar, solange der Erblasser sein Testament nicht doch von einem Notar errichten lässt. Sollte der Erblasser seine Errichtung des Nottestaments überleben und eine weitere Seereise (kommen wir gleich noch zu) antreten, so beginnt die Frist von Neuem sobald er wieder an Land ist. Absatz 4 ist ein wenig unverständlich in meinen Augen. Das hat den Grund, weil auf See Verschollen geglaubte nicht nach drei Monaten für Tod erklärt werden, sondern nach mindestens 6 Monaten oder gar einem Jahr (VerschG § 5). Zum Glück kommt das nur äußerst selten vor.

§ 2250 Nottestament vor drei Zeugen:

(1) *Wer sich an einem Orte aufhält, der infolge außerordentlicher Umstände dergestalt abgesperrt ist, dass die Errichtung eines Testaments vor einem Notar nicht möglich oder erheblich erschwert ist, kann das Testament in der durch § 2249 bestimmten Form oder durch mündliche Erklärung vor drei Zeugen errichten.*

(2) *Wer sich in so naher Todesgefahr befindet, dass voraussichtlich auch die Errichtung eines Testaments nach § 2249 nicht mehr möglich ist, kann das Testament durch mündliche Erklärung vor drei Zeugen abgeben.*

(3) *Wer das Testament durch mündliche Erklärung vor drei Zeugen errichtet, so muss hierrüber eine Niederschrift aufgenommen werden. Auf die Zeugen sind die Vorschriften des § 6 Abs. 1 Nr. 1 bis 3, der §§ 7, 26 Abs. 2 Nr. 2 bis 5 und des § 27 des Beurkundungsgesetzes; auf die Niederschrift sind die Vorschriften der §§ 8 bis 10, 11 Abs. 1 Satz 2, Abs. 2, § 13 Abs. 1, 3 Satz 1, §§ 23, 28 des Beurkundungsgesetzes sowie die Vorschriften des § 2249 Abs. 1 Satz 5 , 6, Abs. 2, 6 entsprechend anzuwenden. Die Niederschrift kann außer in der deutschen auch in einer anderen Sprache aufgenommen werden. Der Erblasser und die Zeugen müssen der Sprache der Niederschrift hinreichend kundig sein; dies soll in der Niederschrift*

festgestellt werden, wen sie in einer anderen als der deutschen Sprache aufgenommen wird.

Ich denke der erste Absatz wirft einige Fragen auf, besonders was unter dem Wortlaut „außerordentlicher Umstände dergestalt abgesperrt ist", verstanden wird. Das lässt sich einfach erklären. Das kann z.B. eine Situation sein, bei denen Hallig-Bewohner in einer Sturmnacht von der Außenwelt abgeschnitten sind. Ein Notar auf die Hallig zu bekommen um dem Sterbenden den letzten Willen zu errichten, wird da schwierig. Außerordentlichen Umstände können bei einer Katastrophe (Flugzeugabsturz, untergehendes Schiff) auftreten oder bei einem Soldat im Kriegseinsatz. Sie sehen es gibt viele Möglichkeiten, hauptsächlich geht es darum, dass kein Notar oder Bürgermeister zur Verfügung steht, um den letzten Willen aufzunehmen. Dann reichen lediglich drei Zeugen. Die Zeugen müssen den letzten Willen des Sterbenden niederschreiben, wobei und jetzt kommen wir wieder zum Beurkundungsgesetz, dieses beachtet werden muss. Hier wird erwähnt, dass das Nottestament auch in einer anderen Sprache aufgesetzt werden kann, aber nur wenn der Erblasser und die Zeugen der Sprache mächtig sind. Übersetzt werden kann das Nottestament später immer noch. Es geht nur darum, dass der Inhalt des Erblassers wahrheitsgemäß niedergeschrieben wurde.
Kommen wir nun zum dritten und letzten Nottestament, das ist auch der kürzeste von allen:

§ 2251 Nottestament auf See:

Wer sich während einer Seereise an Bord eines deutschen Schiffes außerhalb eines inländischen Hafens befindet, kann ein Testament durch mündliche Erklärung vor drei Zeugen nach § 2250 Abs. 3 errichten.

Sollte ein Passagier auf hoher See etwas zustoßen und weit und breit ist kein Hafen in Sicht, so kann auch dieser in einer Notsituation von drei Zeugen ein Testament aufsetzen lassen. Das Testament kann natürlich innerhalb von drei Monaten nach der Reise bei einem Notar neu aufgesetzt werden. Wir erinnern uns an § 2252 Abs. 3, tritt der Erblasser vor Ablauf der Frist eine neue Seereise an, so beginnt die Frist nach Ablauf der neuen Reise.
Ihnen ist vielleicht aufgefallen das bei den Testamenten immer nur vom Erblasser gesprochen wird, das liegt daran, dass die Nottestamente nur für jeweils eine Person gedacht sind. Wobei ich hier betone, dass es sich um alle Geschlechter handelt und ich das auch nur so übernehme, weil es

im Gesetz so verankert ist. Bitte fühlen Sie sich alle angesprochen, wenn vom Erblasser gesprochen wird.
Nun für den Fall, dass z.B. ein Ehepaar ein Testament aufsetzen möchte, lernen wir nun die 4. Art eines Testamentes kennen, das gemeinschaftliche Testament.

Das gemeinschaftliche Testament (§ 2265)
Das gemeinschaftliche Testament auch bekannt als „Berliner Testament" kann, nur von Ehegatten aufgesetzt werden. Wobei es genügt, wenn ein Ehegatte das Testament aufsetzen lässt, Unterschreiben muss der andere Ehegatte dennoch. Natürlich gelten auch hier dieselben Bedingungen, wie beim eigenhändigen Testament, die Angabe von Ort und Zeit in Form von Tag, Monat und Jahr, sind zwingend. Für die Eheleute gelten gleichermaßen die Regelungen für das Nottestament vor dem Bürgermeister als auch das vor drei Zeugen. Eheleute können sich nach dem Tod des jeweils anderen als Alleinerben eintragen lassen und/oder ihr Vermögen nach beider Tod an einem Dritten vererben, kurze Wiederholung:

§ 2269 Gegenseitige Einsetzung:

(3) Haben die Ehegatten in einem gemeinschaftlichen Testament, durch das sie sich gegenseitig als Erben einsetzen, bestimmt, dass nach dem Tode des Überlebenden der beiderseitige Nachlass an einen Dritten fallen soll, so ist im Zweifel anzunehmen, dass der Dritte für den gesamten Nachlass als Erbe des zuletzt versterbenden Ehegatten eingesetzt ist.

(4) Haben die Ehegatten in einem solchen Testament ein Vermächtnis angeordnet, das nach dem Tode des Überlebenden erfüllt werden soll, so ist im Zweifel anzunehmen, dass das Vermächtnis dem Bedachten erst mit dem Tode des Überlebenden anfallen soll.

Genau wie das Vermächtnisse erst nach dem Tod beider Ehegatten in Kraft treten. Hier gilt ebenso das bei Verfügungen die von beiden Ehegatten gemeinsam getroffen werden ober wenn sie sich gegenseitig als Begünstigte eintragen lassen, entweder Nichtig oder Unwirksam sind, wenn eine der beiden Verfügungen Widerrufen wird, was wir ebenfalls aus dem Erbvertrag kennen. Im Abschnitt „Widerruf eines Testaments" werde ich näher auf das Thema eingehen, hier nur so viel: Verfügungen im gemeinschaftlichen Testament können widerrufen werden, dabei ist der §

2296, den wir schon aus dem Erbvertrag kennen, anzuwenden. Sollte ein Ehepartner sterben, kann der Andere seine Verfügungen immer noch aufheben. Gleichermaßen, wie im Erbvertrag gilt hier der Paragraf § 2294 Rücktritt bei Verfehlungen des Bedachten und aus dem Pflichtteil der Paragraf § 2336 (s.a. § 2271 Widerruf wechselbezüglicher Verfügungen Abs. 2 und Abs. 3), die wir uns schon angesehen haben.
Abschließend ist noch zu erwähnen, dass ein gemeinschaftliches Testament aus amtlicher Verwahrung, nur von beiden Ehegatten erfolgen kann (§ 2272, s.a.
§ 2256 Widerruf durch Rücknahme des Testaments aus der amtlichen Verwahrung).

Inhalt des Testaments ab § 2064

Kommen wir nun zu den Grundsätzen, die wir teilweise schon aus dem Erbvertrag und den vorherigen Abschnitten kennen. Was nicht Neu ist, ist die Tatsache das der Erblasser nur persönlich ein Testament errichten kann. Im Testament gilt ebenso, wie im Erbvertrag, dass der Erblasser keinen Dritten bestimmen kann, der in seinem Sinne ein Testament aufsetzt. Die nächsten Paragrafen beinhalten die eingesetzten Erben bzw. Personengruppen, die der Erblasser im Allgemeinen benennen kann.

> *§ 2066 Gesetzliche Erben des Erblassers:*
>
> *Hat der Erblasser seine gesetzlichen Erben ohne nähere Bestimmung bedacht, so sind diejenigen, welche zur Zeit des Erbfalls seine gesetzlichen Erben sein würden, nach dem Verhältnis ihrer gesetzlichen Erbfolge bedacht. ...*

Wenn der Erblasser in seinem Testament keine Namen eintragen lässt, sondern nur das seine gesetzlichen Erben alles erben werden, dann sind damit alle gesetzlichen Erben gemeint, somit auch die, die vielleicht zum Zeitpunkt als das Testament erstellt worden ist noch nicht geboren waren. Das gleiche gilt für die Verwandten des Erblassers (§ 2067).

> *§ 2068 Kinder des Erblassers:*
>
> *Hat der Erblasser seine Kinder ohne nähere Bestimmung bedacht und ist ein Kind vor der Errichtung des Testaments mit Hinterlassung von Abkömmlingen gestorben, so ist im Zweifel anzunehmen, dass die Abkömmlinge insoweit bedacht sind, als sie bei der gesetzlichen Erbfolge an die Stelle des Kindes treten würden.*

Ebenso für die Abkömmlinge des Erblassers, aber nicht für Abkömmlinge eines Dritten nach § 2070, diese müssen zur Zeit des Erbfalles leben, um zu erben.
Im ersten Moment denkt man vielleicht: „Aber sind nicht die gesetzlichen Erben auch die Abkömmlinge des Erblassers?" Ja es kann durchaus vorkommen das die Abkömmlinge = die gesetzlichen Erben sind. Aber dieser Paragraf gilt für die Allgemeinheit, d.h. Beispielsweise für den Fall, wenn der Erblasser gar keine Kinder hat.
Der Erblasser kann sein Vermögen oder Teile davon an ganze Gruppen vermachen, z.B. seinen Kumpels aus dem Kegelclub, Fußballverein oder andere „Personengruppen" wie er möchte. Wenn er z.B. nicht explizit eine oder einige Personen aus dieser Gruppe nennt, geht das Vermachte an den ganzen Verein bzw. die ganze Gruppe.
Was ist aber, wenn der Erblasser sein Vermögen „den Armen" zukommen lassen möchte? Nun, lt. BGB ist anzunehmen, dass das Vermögen an die Armenkasse an seinem Wohnsitz gehen soll. Bochum hat soweit ich weiß keine Armenkasse und auch sonst sind mir keine Bekannt. Sollte der Erblasser den Gedanken hegen einer Organisation etwas Gutes tun zu wollen, so sollte er die Organisation im Testament mit Namen nennen, damit keine Ungereimtheiten auftreten.

> *§ 2073 Mehrdeutige Bezeichnung:*
>
> *Hat der Erblasser, den Bedachten in einer Weise bezeichnet, die auf mehrere Personen passt, und lässt sich nicht ermitteln, wer von ihnen bedacht werden sollte, so gelten sie als zu gleichen Teilen bedacht.*

Dieser Paragraf zielt auf das Gleiche raus, wie die Vorherigen, wobei ich auch schon zum Punkt komme, warum ich diese Paragrafen in dieses Buch reingeschrieben habe. Es wäre schade, wenn der Erblasser, je nachdem, so ungenaue Angaben in seinem Testament macht, dass sein letzter Wille nicht nach seinen Wünschen ausgeführt werden kann. Ich möchte mit diesen Paragrafen darauf Aufmerksam machen. Sie wissen jetzt was passiert, wenn Sie nur ungefähre Angaben in Ihrem Testament machen würden, deshalb überlegen Sie genau wen Sie was vermachen möchten.

Bedingungen im Testament

Bedingungen treten in der Regel erst mit dem Tod des Erblassers ein. Im Gesetz werden drei Bedingungen genannt:

- Die aufschiebende Bedingung (§ 2074)
- Die auflösende Bedingung und (§ 2075)
- Die Bedingung zum Vorteil eines Dritten (§ 2076)

Ich glaube was eine Bedingung ist, muss ich nicht erklären. Allerdings weiß wohl nicht jeder was eine aufschiebende Bedingung ist. Am besten erklärt sich das Anhand eines Beispiels:
Der Erblasser kann seinem Erben z.B. als Bedingung auferlegen, dass er das Haus erbt, wenn er innerhalb von drei Jahren eine Familie gründet. Erfüllt der Erbe die Bedingung, so löst sie sich auf, womit wir schon zum zweiten Punkt kommen. Mit der auflösenden Bedingung, kann er das Haus behalten.
Die dritte Bedingung ist da schon ein wenig komplexer. Sollte der Erblasser den Erben per Testament eine Bedingung zum Vorteil eines Dritten stellen, z.B. das dieser ab und an mal bei dem noch lebenden Ehepartner nach dem Rechten sieht, gilt die Bedingung auch als erfüllt, wenn der noch lebende Ehegatte die Führsorge verweigert. Bedingungen sind mit Vorsicht zu genießen, weil sie auch ganz schön nach hinten los gehen können, besonders beim dritten Punkt.

Auflösung und Anfechtung des Testaments (ab § 2077)
Über die Unwirksamkeit letztwilliger Verfügungen bei Auflösung oder Verlobung haben wir im Zuge des Erbvertrages ausführlich gesprochen. Deshalb nur eine kurze Zusammenfassung: Der geschiedene Ehegatte erbt nichts, genau wie der oder die Ex-Verlobte. Die Anfechtung wegen Irrtums oder Drohung oder wegen Übergehung eines Pflichtteilsberechtigten sind genauso, wie beim Erbvertrag, da ändert sich nichts. Kurz zur Erinnerung: Der Erblasser kann bei Irrtum oder Drohung das Testament ändern oder löschen lassen. Wenn er einen Pflichtteilsberechtigten vergessen hat oder dieser zum Zeitpunkt der Erstellung noch nicht geboren wurde, kann er das Testament dementsprechend ändern.
Im Zuge der Anfechtung ist es ähnlich, wie beim Erbvertrag, nur dass nicht mehr nur der Erblasser das Testament anfechten kann, sondern jeder der im Testament genannt wird und auch diejenigen, die nicht genannt wurden.

§ 2080 Anfechtungsberechtigte:

(1) Zur Anfechtung ist derjenige berechtigt, welchem die Aufhebung der letztwilligen Verfügung unmittelbar zustatten kommen würde.

(2) *Bezieht sich in den Fällen des § 2078 der Irrtum nur auf eine bestimmte Person und ist diese anfechtungsberechtigt oder würde sie anfechtungsberechtigt sein, wenn sie zur Zeit des Erbfalls gelebt hätte, so ist ein anderer zur Anfechtung nicht berechtigt.*

(3) *Im Falle des § 2079 steht das Anfechtungsrecht nur dem Pflichtteilsberechtigten zu.*

Anfechten kann also jeder, der geerbt hätte, ausgeschlossen sind z.B. Abkömmlinge, wenn der Vater oder die Mutter noch leben. Anfechten kann man ein Testament nur innerhalb eines Jahres, beginnend ab dem Zeitpunkt an dem der Berechtigte von dem Anfechtungsgrund Kenntnis erhält. Ich hatte es beim Erbvertrag nicht erwähnt, aber die Frist endet automatisch nach 30 Jahren.
Die Frage, die Sie sich vielleicht schon gestellt haben ist: „Wie fechtet man ein Testament überhaupt an? Die Antwort liefert das Gesetz, nämlich mit einer Anfechtungserklärung.

§ 2081 Anfechtungserklärung:

(1) *Die Anfechtung einer letztwilligen Erklärung, durch die ein Erbe eingesetzt, ein gesetzlicher Erbe von der Erbfolge ausgeschlossen, ein Testamentsvollstrecker ernannt oder eine Verfügung solcher Art aufgehoben wird, erfolgt durch Erklärung gegenüber dem Nachlassgericht.*

(2) *Das Nachlassgericht soll die Anfechtungserklärung demjenigen mitteilen, welchem die angefochtene Verfügung unmittelbar zustatten kommt. Es hat die Einsicht der Erklärung jedem zu gestatten, der ein rechtliches Interesse glaubhaft macht.*

(3) *Die Vorschrift des Absatzes 1 gilt auch für die Anfechtung einer letztwilligen Verfügung, durch die ein Recht für einen anderen nicht begründet wird, insbesondere für die Anfechtung einer Auflage.*

Die Anfechtung wird also beim Nachlassgericht (dazu später mehr) eingereicht. Das Nachlassgericht hat die Aufgabe alle Erben zu informieren, die unmittelbar betroffen wären und jedem zu gestatten die Anfechtung einzusehen.

Wirksamkeit eines Testaments

Es kann vorkommen, dass der Erblasser es gut meinte, als er das Testament verfasst hat. Nur was er nicht bedacht hat, ist das hinterher, wenn der Erbfall eintritt, keiner genau weiß, was der Erblasser genau wollte. Im Zuge der Testamentseröffnung stehen dann alle plötzlich da, wie der „Ochse vor dem Berg" und fragen sich: Was machen wir denn jetzt? Dann wird es Zeit Lösungen zu finden.

Ein Beispiel soll das verdeutlichen:
Laut Testament soll Enkel X ein Landgut erben. Der Erblasser hatte in seinem Besitz zwei Landgüter. Da jetzt nicht ganz klar ist, welches der beiden Landgüter gemeint war, muss darüber entschieden werden, welches Landgut Enkel X erhält.

Ein weiteres Beispiel:
Opa hinterlässt seinen fünf Enkelkindern seine Ü-Ei Sammlung. Da weder klar definiert ist, um wie viele Figuren es sich im Einzelnen handelt, noch ob sie zu gleichen Teilen oder wer, welche Figuren erhalten soll. Werden verschiedene Szenarien durchgespielt und die, die am besten für alle Beteiligten passt, durchgeführt.

Ähnliches gilt für eine Ergänzung für eine Verfügung. Sollte der Erblasser in seinem Testament eine Ergänzung für eine Verfügung angefügt haben, diese aber nicht näher erläutert haben, so bleibt die Verfügung trotzdem wirksam. Sollte eine von mehreren Verfügungen unwirksam sein, ist davon auszugehen, dass der Erblasser nicht wusste das diese unwirksam ist, womit dann nicht automatisch alle anderen Verfügungen unwirksam werden.
Man sieht das Testament kann wirklich kompliziert werden, was aber in dem Fall auf die Genauigkeit der Erklärung der Wünsche des Verfassers ankommt.

Erbeinsetzung

Wir kennen schon den gesetzlichen Erben und wir wissen, dass der Erblasser jeden zum Erben machen kann, Einzelpersonen oder ganze Gruppen, aber hier geht es nicht um den Erben als Person, sondern um das was vererbt werden soll.
Jeder der sein Hab und Gut vererben möchte, muss sich Gedanken darüber machen, wie er es vererbt, z.B. wer bekommt wie viel vom Ganzen?" Bei gutbetuchten Menschen sind es auch Immobilien,

Ferienhäuser, das Unternehmen, das Anwesen, das Boot, die Autos usw., was der Erblasser hinterlässt. Da kann so ein Testament auch schon mal ein paar Seiten lang sein. Bei Menschen, die nicht ganz so viel Hab und Gut besitzen, ist es vielleicht das Eigenheim, die Lieblingssammlung und Geld. Wer nicht so viel hat, möchte vielleicht sein Haustier versorgt wissen oder einfach seine Sachen einem guten Zweck spenden, wenn derjenige gestorben ist. Der Erblasser hat mehrere Möglichkeiten, sein Vermögen zu vererben:

- Vererben des ganzen Vermögens oder eines Bruchteils
- Vererben eines Gegenstandes oder mehrerer Gegenstände
- Vererben der einzelnen Immobilie oder allen Immobilien usw.

Man könnte die Liste noch bis ins Kleinste fortführen, aber ich denke Sie wissen, was ich meine. Je nachdem wie viel Vermögen Sie besitzen, wird viel Arbeit auf Sie zukommen. Die sollten sich Zeit lassen darüber nachzudenken, aber nicht zu viel. Versuchen Sie nicht es allen recht zu machen, das klappt nie. Um ärger zu vermeiden, könnten Sie doch ihre Liebsten mit in die Planung einbinden, dann können Sie die Streitigkeiten noch Hautnah miterleben.
Sie müssen auch nicht gleich ein Testament verfassen, experimentieren sie etwas rum, indem Sie ihre Wünsche auf ein Blatt schreiben und ändern so oft Sie möchten.
Viele Familienmitglieder bekommen Angst, wenn Sie hören, dass ihre Eltern ein Testament verfassen wollen. Ihnen wird dann auf einmal klar, dass die Eltern nicht ewig auf dieser Welt verweilen. Dagegen kann man aber nichts machen und man stirbt auch nicht, wenn man ein Testament verfasst. Der Aberglaube hält sich immer noch. Fragen Sie ihre Kinder: „Wie oft hast du mir als Teenager böse Blicke zukommen lassen?" Und die Antwort ist klar, Sie sind immer noch am Leben. Böse Blicke können nicht töten und Testamente genauso wenig.

Wenden wir uns wieder dem eigentlichen Thema zu: das Vererben.
Wie gesagt die Möglichkeiten sind unbegrenzt (fast zumindest). Nach dem Bürgerlichen Gesetzbuch wird, wie wir wissen zwischen einem Bedachten und einem Erben unterschieden, dass wird besonders im Vererben eines Gegenstandes deutlich. Der Bedachte, der einen Gegenstand erbt ist nicht gleich ein Erbe (§ 2087 Zuwendung des Vermögens, eines Bruchteils oder einzelner Gegenstände, Abs. 2). Gleiches gilt, wenn der Bedachte das Vermögen des Erblassers erbt oder auch nur einen Bruchteil (§ 2087 Abs. 1). Der Grund dafür ist, dass Erben andere Rechte haben als Bedachte.

Wenn ein Erbe nur ein Bruchteil eines Erbes erhalten soll, fällt der Rest des Vermögens auf die gesetzlichen Erben an, das gilt auch für Erbengemeinschaften (§ 2088). Was ist aber, wenn sich das Erbe, welches im Testament steht, in der Zeit vermehrt oder verringert hat. Dafür hat das Gesetz eine Lösung parat. Ist das Vermögen, sagen wir mal Geld mehr geworden als der eingesetzte Bruchteil, so wird der Bruchteil an das Vermögen, das Geld, angepasst (§ 2089). Genauso läuft es auch, wenn das Vermögen sich seit der Zeit verringert hat, nur in die andere Richtung (§ 2090). Hat der Erblasser die Bruchteile nicht näher bestimmt, so wird nach den gesetzlichen Bestimmungen vorgegangen (§ 2091). Hat der Erblasser einen Teil der Erben Bruchteile seines Vermögens hinterlassen und dem anderen Teil nicht, so bekommen die ersten die Bruchteile ausgezahlt und unter den anderen wird der Rest aufgeteilt (§ 2092).
Ich möchte hier noch mal deutlich machen, dass wenn in einem Testament von einem Erben geredet wird, es nicht zwingend um einen gesetzlichen Erben geht. Der Erblasser kann einen gesetzlichen Erben als Erben eintragen, er kann aber auch seine oder ihre große Jugendliebe eintragen lassen oder den netten Menschen vom Kiosk, mit dem er sich jeden Morgen unterhalten hat. Der Erbe muss also nicht zur Verwandtschaft gehören! Da die Erbfolge bei einem eingetragenen Erben nicht greift, es sei denn er gehört zu den Erben der Ordnungen 1-4 etc., so kann der Erblasser für den Fall das der Erbe wegfällt, aus welchen Gründen auch immer einen Ersatzerben eintragen lassen.

Zum Beispiel:
Wenn der Kioskbesitzer verstirbt, soll als Ersatzerbe das Tierheim Erbe werden.

Bleibt aber jedem selbst überlassen. Wobei der Erbe immer noch die Möglichkeit hat das Erbe auszuschlagen, was man bedenken sollte (§ 2097 Auslegungsregel bei Ersatzerben, s.a. die §§ 2098, 2099).
Ich zeige Ihnen hier nur auf, was gesetzlich möglich ist. Das heißt nicht, dass Sie es auch so machen müssen. Wenn Sie keine weiteren Erben benennen wollen, tritt die gesetzliche Erbfolge automatisch in Kraft.

Einsetzen eines Nacherben (ab § 2100)
Was ist ein Nacherbe? Wir kennen nun den Ersatzerbe, der an die Stelle des anderen tritt, wenn dieser wegfällt. Bei dem Nacherben ist das anders, ein Nacherbe wird Erbe, nachdem ein anderer Erbe geworden ist. Wobei der Ersatzerbe, sollte es nicht klar sein, ob es sich um einen Nacherben

oder Ersatzerben handelt, immer den Vorrang genießt. Hat der Erblasser nicht genau bestimmt, wer Nacherbe werden soll, und soll der Nacherbe nur bis zu einem bestimmten Zeitpunkt Erbe sein, werden die gesetzlichen Erben Nacherben. Wenn der Erblasser einen Erben bestimmt hat, der ab einem bestimmten Zeitpunkt erben soll, so sind die gesetzlichen Erben Vorerben. Ein Nacherbe muss genau wie der gesetzliche Erbe, zum Zeitpunkt des Erbfalls leben (wir erinnern uns an den § 1923). Stirbt der Nacherbe, vor oder nachdem der Erbfall eingetreten ist, geht das Recht zu Erben auf dessen Erben über. Genau wie beim Pflichtteilsberechtigten, nur ist in dem Fall der Vorerbe dazu verpflichtet, dem Nacherben auf verlangen ein Verzeichnis über die Erbschaft anzufertigen bzw. anfertigen zu lassen. Der Nacherbe kann verlangen, bei der Aufnahme des Verzeichnisses anwesend sein zu wollen. Die Kosten für die Anfertigung eines Verzeichnisses fallen der Erbschaft zur Last (§ 2121 Verzeichnis der Erbschaftsgegenstände Abs. 1-4/ s.a. § 2127 Auskunftsrecht des Nacherben). Was vielleicht für den Nacherben noch interessant sein dürfte, besonders wenn er sich im Mietrecht nicht so recht auskennt, ist, wenn er ein Gebäude oder Grundstückt erbt, welches vermietet oder verpachtet ist, so bleiben die Miet- bzw. Pachtverhältnisse nach dem er sie übernommen hat, weiter bestehen. Wie wir im geltenden Mietrecht nach BGB § 1056 Abs. 2, Satz 1 sehen:

> *„Der Eigentümer ist berechtigt, das Miet- oder Pachtverhältnis unter Einhaltung der gesetzlichen Kündigungsfrist zu kündigen."*

In dem Fall muss der Nacherbe die §§ 573 - 574c (BGB) beachten.
Ich weiß das es jetzt sehr verwirrend ist: Ersatzerbe, Nacherbe, Vorerbe und gesetzliche Erben voneinander zu unterscheiden. Man sollte diese Begrifflichkeiten wenigstens mal gehört haben, auch wenn man sie vielleicht nie benutzen wird, so wissen Sie wenigsten jetzt mehr darüber als vorher und das soll es auch erstmal gewesen sein.
Wie bereits angekündigt, wenden wir uns nun dem Widerruf eines Testamentes zu.

Widerruf eines Testaments (ab § 2253)

Jeder weiß oder sollte zumindest wissen, dass man eine Willenserklärung jederzeit zurücknehmen kann, fachspezifisch: widerrufen kann, nach § 130 Wirksamwerden einer Willenserklärung gegenüber Abwesenden, Abs. 1, Satz 2:

> *„Sie wird nicht wirksam, wenn dem anderen vorher oder gleichzeitig ein Widerspruch zugeht."*

Wir wissen, dass ein Testament bzw. eine Verfügung angefochten werden kann, aber auch dieses kann widerrufen werden. Nach § 2253 Widerspruch eines Testaments

> *„Der Erblasser kann ein Testament sowie eine einzelne in einem Testament enthaltene Verfügung jederzeit widerrufen."*

Dabei hat er, wie so oft, mehrere Möglichkeiten. Er kann einen Widerruf durch ein Testament erfolgen lassen oder durch ein späteres Testament, welches aber im Widerspruch mit dem ersten stehen sollte (§ 2258 Abs. 1). Wird dann dem zweiten Testament widersprochen, ist das erste wieder wirksam, als wäre nie etwas gewesen (§ 2258 Abs. 2). Was aber, wenn der Erblasser selbst das Testament vernichtet hat? Auch das gilt als Widerruf, selbst wenn er es nicht vernichtet und nur Änderungen vornimmt. Und, wenn der Erblasser sich das Testament aus amtlicher Verwahrung zurückholt, wozu er jederzeit berechtigt ist, gilt das ebenfalls als Widerspruch an dem Testament. Hier zur Verdeutlichung:

> *§ 2256 Widerruf durch Rücknahme des Testaments aus der amtlichen Verwahrung:*
>
> *(1) Ein vor einem Notar oder nach § 2249 errichtetes Testament gilt als widerrufen, wenn die in amtliche Verwahrung genommene Urkunde dem Erblasser zurückgegeben wird. Die zurückgegebene Stelle soll den Erblasser über die in Satz 1 vorgesehene Folge der Rückgabe belehren, dies auf der Urkunde vermerken und aktenkundig machen, dass beides geschehen ist.*
>
> *(2) Der Erblasser kann die Rückgabe jederzeit verlangen. Das Testament darf nur an den Erblasser persönlich zurückgegeben werden.*
>
> *(3) Die Vorschriften des Absatzes 2 gelten auch für ein nach § 2248 hinterlegtes Testament; die Rückgabe ist auf die Wirksamkeit des Testaments ohne Einfluss.*

Laut Gesetz kann man sogar den Widerruf widerrufen, das sieht dann so aus:

> *§ 2257 Widerruf des Widerrufs:*
>
> *Wird der durch Testament erfolgte Widerruf einer letztwilligen Verfügung widerrufen, so ist im Zweifel die Verfügung wirksam, wie wenn sie nicht widerrufen wäre.*

Na das wurde jetzt mal klar formuliert, oder kommen Sie da durcheinander? Versuchen wir es mit Mathematik:

1 Widerruf – 1 Widerruf = 0

Jetzt wird´s klarer. Kein Widerruf bedeutet, das Testament ist nach wie vor gültig. Aber wie schon bei den Anfechtungen, Rücknahmen, etc. gilt: vorher gründlich Gedanken machen was in dem Testament stehen soll! Es kann immer vorkommen, dass man ein Testament ändern muss, Sie sehen aber jetzt was für ein Aufwand dahintersteckt und jede Änderung kostet Notargebühren.
Noch mal ganz wichtig, sollte ein Testament in Privatbesitz sein, bitte nicht auf die Idee kommen es zu vernichten, weil einem eine Verfügung etc. nicht gefällt, es lässt sich alles anfechten und auf legalem Wege klären. Ein Testament zu vernichten ist eine Straftat und die Wirksamkeit bleibt trotzdem bestehen! Weil das überaus heikel ist, schauen wir uns dazu den passenden Paragrafen an:

§ 2259 Ablieferungspflicht:

(1) Wer ein Testament, das nicht in besondere amtliche Verwahrung gebracht ist, im Besitz hat, ist verpflichtet, es unverzüglich, nachdem er von dem Tode des Erblassers Kenntnis erlangt hat, an das Nachlassgericht abzuliefern.

(2) Befindet sich das Testament bei einer anderen Behörde als einem Gericht in amtlicher Verwahrung, so ist es nach dem Tode des Erblassers an das Nachlassgericht abzuliefern. Das Nachlassgericht hat, wenn es von dem Testament Kenntnis erlangt, die Ablieferung zu veranlassen.

Wie gesagt, Zuwiderhandlungen sind eine Straftat. Sollte doch mal jemand auf die Idee kommen, ein Exemplar zu vernichten, empfiehlt es sich ein zweites Exemplar zu deponieren oder um das Risiko zu umgehen, es gleich in amtliche Verwahrung zu geben.
Wir wenden uns jetzt einem Thema zu, wovon jeder von Ihnen schon mal etwas gehört oder im Film gesehen hat, dem Testamentsvollstrecker.

Testamentsvollstrecker

Wenn man im Allgemeinen an einen Testamentsvollstrecker denkt, ist das meist ein Notar oder Rechtsanwalt. Bei der Testamentseröffnung kommt man dann in ein schönen, altbarocken Raum mit Holzvertäfelung und

einer großen Tafel an der der Testamentsvollstrecker sitzend darauf wartet, das Testament zu eröffnen. Und am Ende verlassen nicht alle glücklich den Raum.
Die Realität sieht manchmal so ähnlich aus, aber grundlegend kann der Erblasser jeden den er möchte als Testamentsvollstrecker in seinem Testament einsetzten lassen. Die Person sollte vorher nur zugestimmt haben und muss kein Anwalt sein. Wenn der Testamentsvollstrecker vor dem eigentlichen Erbfall selbst verstirbt, kann der Erblasser oder auch der Testamentsvollstrecker einen Nachfolger benennen. Ist der Testamentsvollstrecker mit seiner Ernennung nicht einverstanden, oder hat er es sich anders überlegt, so muss er sich dem Nachlassgericht gegenüber erklären. Wenn ein Freund Sie fragt, ob Sie ihm die Ehre erweisen würden, sein Testamentsvollstrecker zu sein, sollten Sie wissen, was ein Testamentsvollstrecker für Aufgaben hat.
Laut BGB § 2203, hat der Testamentsvollstrecker dafür zu sorgen, dass der letzte Wille des Erblassers (oder umgangssprachlich: des Verstorbenen) erfüllt wird. Sollte es mehrere Erben geben, so hat der Testamentsvollstrecker die Aufgabe die Aufteilung des Erbes zu überwachen und nach Maßgabe eines Aufteilungsplanes diesen auszuführen. Welche Aufgaben hat so ein Testamentsvollstrecker noch?

§ 2205 Verwaltung des Nachlasses, Verfügungsbefugnis:

Der Testamentsvollstrecker hat den Nachlass zu verwalten. Er ist insbesondere berechtigt, den Nachlass in Besitz zu nehmen und über die Nachlassgegenstände zu verfügen. Zu unentgeltlichen Verfügungen ist er nur berechtigt, soweit sie einer sittlichen Pflicht oder einer auf den Anstand zu nehmenden Rücksicht entsprechen.

Der Testamentsvollstrecker ist also der Verwalter des Nachlasses, er darf z.B. die Schlüssel der Immobilien an sich nehmen und darf Schenkungen veranlassen, nur nicht an sich selbst. Soll mal vorgekommen sein, habe ich zumindest gehört.

§ 2206 Eingehung von Verbindlichkeiten:

(1) Der Testamentsvollstrecker ist berechtigt, Verbindlichkeiten für den Nachlass einzugehen, soweit die Eingehung zur ordnungsgemäßen Verwaltung erforderlich ist. Die Verbindlichkeit zu einer Verfügung über einen Nachlassgegenstand kann der Testamentsvollstrecker für

den Nachlass auch dann eingehen, wenn er zu der Verfügung berechtigt ist.

(2) Der Erbe ist verpflichtet, zu Eingehung solcher Verbindlichkeiten seine Einwilligung zu erteilen, unbeschadet des Rechts, die Beschränkung seiner Haftung für die Nachlassverbindlichkeiten geltend zu machen.

Für Nichtkaufleute oder die, die es einfach nicht wissen: Verbindlichkeiten ist ein anderes Wort für Schulden. Der Testamentsvollstrecker darf also unter der Einwilligung des Erben Schulden machen, aber nur wenn sie für die Verwaltung des Nachlasses erforderlich sind, z.B. wenn in einem der Immobilien ein Handwerkereinsatz nötig ist, besonders wenn der Schaden den Wert der Immobilie sinken lassen würde. Der Erblasser selbst kann dem Testamentsvollstrecker, per Testament, uneingeschränkte Handlung in Bezug auf Schuldeneingehung erteilen, dann fällt Abs. 2 weg (vgl. § 2207). Der Erblasser kann den Testamentsvollstrecker soweit in seinen Rechten einschränken, dass er z.B. nur für die Verwaltung einzelner Gegenstände seines Nachlasses verantwortlich ist und nicht mehr. Ebenso kann der Erblasser veranlassen, dass der Testamentsvollstrecker, nachdem er seine Aufgaben erfüllt hat, trotzdem seinen Nachlass verwaltet. 30 Jahre nach dem Erbfall erlischt diese Anordnung automatisch, es sei denn der Erblasser hat z.B. angeordnet, dass der Testamentsvollstrecker dies bis zu seinem eignen Tod fortführen soll (vgl. § 2210).
Jegliche Ansprüche gegen den Nachlass können lt. § 2213 Abs. 1, sowohl gegen den Erben, als auch gegen den Testamentsvollstrecker gerichtlich geltend gemacht werden. Der Testamentsvollstrecker muss ein s.g. Nachlassverzeichnis anfertigen, indem er alle zum Nachlass zugehörigen Gegenstände und Beträge aufführt. Genau wie beim Pflichtteil kann der Erbe verlangen bei der Erstellung des Verzeichnisses anwesend zu sein. Die Kosten fallen wie immer dem Nachlass zu (§ 2215 Abs. 1-5). Der Testamentsvollstrecker hat nach § 2216 die Pflicht, den Nachlass des Erblassers ordnungsgemäß zu verwalten und den Anweisungen des Erblassers genaustens Folge zu leisten. Mit der Herausgabe der Nachlassgegenstände an den Erben etc. erlischt das Recht des Testamentsvollstreckers auf die Verwaltung dessen. Der Testamentsvollstrecker haftet für Schäden an dem Nachlass, die er verursacht bzw. verschuldet hat gegenüber dem Erben.
Kommen wir nun zum Wichtigsten Punkt für den Testamentsvollstrecker, die Vergütung. Leider ist das Gesetz dabei nicht sehr eindeutig, natürlich

gibt es keine Zahlen vor, aber nach § 2221 auch leider keinen genauen Anhaltspunkt:

> *„Der Testamentsvollstrecker kann für die Führung seines Amtes eine angemessene Vergütung verlangen, sofern nicht der Erblasser ein anderes bestimmt hat."*

Na das klingt alles sehr vage und genau das ist das Problem an der Sache, die Gerichte streiten bis heute über eine Einigung die Gesetzeskonform ist. Im Kreise der Advokaten (anderen besser bekannt als Rechtsanwälte) legt man das BGH-Urteil mit dem Aktenzeichen VZR 225/60 vom 28.11.1962 zu Grunde. Heute orientiert man sich deshalb an der „Rheinischen Tabelle", aber auch an anderen Tabellen, die so ähnlich heißen. Das Problem dabei ist, dass alle die Summen anders berechnen, so dass der Erbe vielleicht das Pech hat, mehr zu bezahlen, weil sich der Testamentsvollstrecker die für Ihn günstigste Tabelle raussucht. Ein Auszug aus der „Rheinischen Tabelle" finden Sie im Internet, deshalb gehe ich hier auch nicht genauer darauf ein und verweise zusätzlich auf einen Anwalt.
Zum Schluss möchte ich noch über die drei Möglichkeiten der Beendigung des Amtes des Testamentsvollstreckers sprechen:

- Erlöschen des Amtes
- Kündigung und
- Entlassung

des Testamentsvollstreckers. Das Amt des Testamentsvollstreckers erlischt mit seinem Tode oder wenn seine Ernennung von vorn herein nach § 2201 unwirksam ist. Der Testamentsvollstrecker kann durch Kündigung sein Amt niederlegen. Die Kündigung muss er beim Nachlassgericht einreichen (§ 2226). Wenn ein wichtiger Grund (Pflichtverletzung u.a.) vorliegt, kann ein Testamentsvollstrecker, auf Antrag z.B. eines Erben, durch das Nachlassgericht entlassen werden.
Wir sehen auch ein Testamentsvollstrecker hat es nicht immer einfach, er hat Rechte und Pflichten die er wahren bzw. erfüllen muss, was sicher nicht immer leicht ist.

Testament oder Erbvertrag?

Was Sie persönlich bevorzugen, ist Ihnen überlassen. Sie wissen jetzt was ein Erbvertrag bzw. ein Testament ist, wie Sie es verfassen können und was zu beachten ist bzgl. deren Inhalt (Auflage und Vermächtnis), Anfechtung und Aufhebung, sowie Auflösung und Widerruf. Da es schwer fällt immer hin und her zu blättern, habe ich die wichtigsten Grundlagen in der folgenden Tabelle zusammengefasst:

	Erbvertrag	**Testament**
Wer?	nur der Erblasser persönlich	Jeder, der das 16. Lebensjahr vollendet hat und geistig dazu in der Lage ist.
Wer noch?	Verheiratete, Verlobte und eingetragene Lebenspartnerschaften	Verheiratete
Arten:	Erbvertrag, gegenseitiger Erbvertrag	Ordentliches, eigenhändiges, öffentliches u. gemeinschaftl. Testament, Nottestament
Wo?	- beim Notar, mit Anwesenheitspflicht für alle Vertragsschließenden	- bei Minderjährigen beim Notar (§ 2233) - zu Hause, vor einem Bürgermeister (§ 2249) - vor 3 Zeugen (§ 2250), auf See (§ 2251)
Unwirksamkeit:	- bei Scheidung - bei Auflösung der Verlobung	- bei Scheidung - bei Auflösung der Verlobung
Anfechtung:	- wegen Irrtum und Drohung - Übergehung eines Pflichtteilsberechtigten	- wegen Irrtum und Drohung - Übergehung eines Pflichtteilsberechtigten
Anfechten (Wer?)	nur der Erblasser persönlich	alle Anfechtungsberechtigten nach § 2080
Anfechtfrist:	1 Jahr, siehe auch § 206, komplett: 30 Jahre	1 Jahr, siehe auch § 206, komplett: 30 Jahre
Aufhebung:	- durch Testament (auch gemeinschaftliches) - durch Vertrag (§ 2290)	- durch Erbvertrag
Rücktritt/ Widerruf	Rücktritt: - bei Vorbehalt (§ 2293) - bei Verfehlungen des Bedachten (§ 2294) - bei Aufhebung der Gegenverpflichtung (§ 2295) - durch Testament (§ 2297) - nur notariell	Widerruf: - durch Testament (§ 2254, § 2258) - durch Vernichtung oder Veränderung (§ 2255) - Rücknahme d. Testaments aus amtlicher Verwahrung (§ 2256) - durch Widerruf (§ 2257)

Abbildung 3: Erbvertrag versus Testament

Lesen Sie sich die Tabelle noch mal in Ruhe durch und entscheiden dann, was für Sie das Beste ist. Auch wenn Sie sich komplett gegen beide Varianten des letzten Willens entscheiden, ist das in Ordnung, dann tritt, wie Sie ja wissen, die gesetzliche Erbfolge ein.

Beurkundungsgesetz - BeurkG

Wir haben es im Zuge des Testaments kennen gelernt, das Beurkundungsgesetz. Es gibt es schon seit 1969 und ist eigentlich für Notare verfasst worden, da aber auch bestimmte Personenkreise eine letztwillige Verfügung aufsetzen können, dass sog. Nottestament (§ 2249-2251) oder auch einen Erbvertrag, möchte ich ein paar Paragrafen ansprechen, die für diese Aufgabe wichtig sind. Nicht nur bestimmte Personenkreise können letztwillige Verfügungen aufsetzen, sondern Sie, wenn Sie als Zeuge eines Nottestaments (§ 2250) ihrer Pflicht nachgehen

sollen, da wäre es sinnvoll die wichtigen Paragrafen des Beurkundungsgesetzes zu kennen. Einiges mag Ihnen Bekannt vorkommen, weil wir schon darüber gesprochen haben, der Vollständigkeit halber habe ich es hier noch mal erwähnt.
Das Beurkundungsgesetzt kurz: BeurkG genannt, ist eigentlich für die öffentliche Beurkundung bzw. Verwahrung von Urkunden durch einen Notar ins Leben gerufen worden. Deshalb sehen Sie es den Gesetzestexten bitte nicht nach, wenn immer von einem Notar gesprochen wird. Ersetzen Sie „den Notar" gedanklich durch ihren Namen. Wo wir auch schon mittendrin sind, denn anders als man denkt ist eine Beurkundung nicht unwirksam, nur weil ein Ortsfremder Notar sie verfasst, lt. Paragraf § 2 des BeurkG. Sollte sich herausstellen, dass der Erblasser mit dem Verfassen des letzten Willens bzw. des Inhalts dessen, Recht und Gesetz verletzt, kann der Notar und auch Sie die Beurkundung des letzten Willens verweigern (vgl. § 4 BeurkG). Sollte man auch, jedenfalls meiner Meinung nach. Ist einer der Beteiligten geschäftsunfähig, so muss dieses nach
§ 11 Abs. 1, Satz 2 in der Niederschrift festgehalten werden.
Beurkundungen von Willenserklärungen können unwirksam werden, wenn:

- der Ehe- oder Lebenspartner,
- eine Person die mit dem Erblasser in gerader Linie verwand ist,
- eine Person, die eine der o.g. Personen vertritt,

an der Beurkundung beteiligt ist und/oder sich einen rechtlichen Vorteil verschaffen möchte (§ 6, § 7 BeurkG).
Im Grundsatz gilt, Urkunden werden immer nur in deutscher Sprache verfasst. Wobei wir nun zum Inhalt des letzten Willens kommen, was am wichtigsten ist, denn da gibt es einige Dinge zu beachten. Im Gesetz wird die Aufnahme der Willenserklärung, wo runter auch der letzte Wille gehört, verallgemeinert als Niederschrift bezeichnet.

§ 9 Inhalt der Niederschrift:

(1) Die Niederschrift muss enthalten

1. die Bezeichnung des Notars und der Beteiligten sowie

2. Die Erklärungen der Beteiligten.

Erklärungen in einem Schriftstück, auf das in der Niederschrift verwiesen und das dieser beigefügt wird, gelten als in der Niederschrift selbst enthalten. Satz 2 gilt entsprechend, wenn die Beteiligten unter Verwendung von Karten, Zeichnungen, oder Abbildungen Erklärungen abgeben.

(2) Die Niederschrift soll Ort und Tag der Verhandlung enthalten.

Das ist noch nicht alles, die Beteiligten, die in der Niederschrift aufgeführt werden, sollen so genau geschrieben werden, dass eine Verwechslung mit anderen Personen, die vielleicht genauso heißen, ausgeschlossen werden können. Da gibt es verschiedene Möglichkeiten, wie das Geburtsdatum, der Geburtsort, die Personalausweisnummer, Sozialversicherungsnummer u.a.

§ 13 Vorlesen, Genehmigen, Unterschreiben:

(1) Die Niederschrift muss in Gegenwart des Notars den Beteiligten vorgelesen, von ihnen genehmigt und eigenhändig unterschrieben werden; soweit die Niederschrift auf Karten, Zeichnungen, oder Abbildungen verweist, müssen diese den Beteiligten anstelle des Vorlesens zur Durchsicht vorgelegt werden. In der Niederschrift soll festgestellt werden, dass dies geschehen ist. Haben die Beteiligten die Niederschrift eigenhändig unterschrieben, so wird vermutet, dass sie in Gegenwart des Notars vorgelesen oder, soweit nach Satz 1 erforderlich, zur Durchsicht vorgelegt und von den Beteiligten genehmigt ist. [4]Die Niederschrift soll den Beteiligten auf Verlangen vor der Genehmigung auch zur Durchsicht vorgelegt werden.

(2) ...

(3) Die Niederschrift muss von dem Notar eigenhändig unterschrieben werden. Der Notar soll der Unterschrift seine Amtsbezeichnung beifügen.

Nicht, dass sie sich wundern, dass ich Absatz 2 ausgelassen habe, aber der ist hier nicht relevant. Zu Absatz 3 ist zu sagen, dass bei der Amtsbezeichnung z.B. Bürgermeister, Kapitän u.a. beizufügen ist. Sollte es mal nicht möglich sein, dass ein Beteiligter der deutschen Sprache mächtig ist, muss das ebenso in der Niederschrift vermerkt werden. Das einfache Vorlesen bringt in dem Falle nichts, weshalb die

Niederschrift von einem Dolmetscher mündlich übersetzt werden kann und auch der muss die Niederschrift dann unterschreiben. Wenn die Übersetzung schriftlich erfolgt, muss diese vom Übersetzer unterschrieben und der Niederschrift beigelegt werden nachdem sie dem Beteiligten vorgelesen wurde. Kurz gesagt: alles muss genaustens Dokumentiert und unterzeichnet werden!

Pflichten des Beurkundens

Nun Grundsätzlich ist die Person, die die Beurkundung vornimmt, in ihrem Fall Sie, dafür verantwortlich, dass alles mit rechten Dingen zugeht, welche Pflichten Sie erfüllen müssen, schauen wir uns nun an.

§ 17 Grundsatz:

(1) Der Notar soll den Willen der Beteiligten erforschen, den Sachverhalt klären, die Beteiligten über die rechtliche Tragweite des Geschäfts belehren und ihre Erklärungen klar und unzweideutig in der Niederschrift wiedergeben. Dabei soll er darauf achten, dass Irrtümer und Zweifel vermieden sowie unerfahrene und ungewandte Beteiligte nicht benachteiligt werden.

(2) Bestehen Zweifel, ob das Geschäft dem Gesetz oder dem wahren Willen der Beteiligten entspricht, so sollen die Bedenken mit den Beteiligten erörtert werden. Zweifelt der Notar an der Wirksamkeit des Geschäfts und bestehen die Beteiligten auf der Beurkundung, so soll er die Belehrung und die dazu abgegebenen Erklärungen der Beteiligten in der Niederschrift vermerken. ...

(3) Kommt ausländisches Recht zur Anwendung oder bestehen darüber Zweifel, so soll der Notar die Beteiligten darauf hinweisen und dies in der Niederschrift vermerken. Zur Belehrung über den Inhalt ausländischer Rechtsordnungen ist er nicht verpflichtet.

Da das Gesetz verallgemeinert ist, wird hier von „Geschäft" gesprochen, in unserem Fall bezieht sich das auf den letzten Willen. Wie Sie sehen, gibt es viel zu beachten. Der Beurkundende (Notar/bzw. Sie), muss darauf achten, dass jeder versteht, zu was er sich mit seiner Unterschrift verpflichtet. Mal eben so ein Nottestament erstellen ist, wie man sieht ist nicht möglich, da Zweifel erörtert werden müssen. In Absatz 2 gibt es weitere Pflichten, die aber für uns hier nicht relevant sind.

Ich möchte kurz auf die Beteiligten zurückkommen, die als Zeugen fungieren sollen. Da gibt es folgende Einschränkungen, denn als Zeugen ausgeschlossen sind:

- Personen, die mit dem Beurkundende (Bürgermeister etc.) verheiratet sind oder mit der er oder sie eine Lebenspartnerschaft führt.
- Personen, die mit dem Beurkundenden in gerader Linie verwandt sind.
- Personen, die mit dem Beurkundenden in einem Dienstverhältnis stehen.
- Minderjährige
- Geisteskranke
- Hör-, Sprech- oder Sehgeschädigte
- Analphabeten
- Personen, die der deutschen Sprache nicht mächtig sind. Ausnahme der Zeuge könnte als Dolmetscher übersetzen.

Ausnahmen bestätigen auch hier wieder die Regel. Sollte eine Person Hörgeschädigt sein, aber lesen können, und diese ist unter den Beteiligten muss der Person die Niederschrift zur Durchsicht überlassen werden, natürlich muss auch das wieder in der Niederschrift vermerkt werden und nicht zu vergessen die Unterschrift des hörgeschädigten Beteiligten. Gleiches gilt für Person, die Probleme mit der Sprache haben oder Analphabeten sind, wobei da eine weitere Person hinzugezogen werden muss, was selbstverständlich in der Niederschrift vermerkt und durch Unterschrift bestätigt werden muss. Dann muss der Person, die es nicht versteht bzw. der Analphabet ist, der Inhalt übersetzt oder vorgelesen bzw. erklärt werden. Dies gilt auch, wenn es sich bei den eben genannten Personen um den Erblasser handelt, wie wir gleich sehen werden.

Besonderheiten für den letzten Willen

In dem Gesetz gibt es ein paar Gesetzestexte, die extra für die Beurkundung eines Testaments bzw. eines Erbvertrages neu verfasst wurden, weshalb sich einiges wiederholt. Zum Beispiel, dass der Notar die Geschäftsfähigkeit des Erblassers feststellen soll und diese in der Niederschrift vermerkt. Oder dass, wenn der Erblasser seinen letzten Willen dem Notar gegenüber mündlich erklärt, dies in der Niederschrift festgehalten und beigefügt wird. Ebenso, wenn der Erblasser der deutschen Sprache nicht mächtig ist (vgl. § 32).

> *§ 20 Übergabe einer Schrift:*
>
> *Wird eine Verfügung von Todes wegen durch Übergabe einer Schrift errichtet, so muss die Niederschrift auch die Feststellung*

enthalten, dass die Schrift übergeben worden ist. Die Schrift soll derart gekennzeichnet werden, dass eine Verwechslung ausgeschlossen ist. In der Niederschrift soll vermerkt werden, ob die Schrift offen oder verschlossen übergeben worden ist. [4]Von dem Inhalt einer offen übergebenen Schrift soll der Notar Kenntnis nehmen, sofern er der Sprache, in der die Schrift verfasst ist, hinreichend kundig ist; § 17 ist anzuwenden. [5]Die Schrift soll der Niederschrift beigefügt werden; einer Verlesung der Schrift bedarf es nicht.

Im Prinzip kennen wir das schon alles aus dem Abschnitt vom Testament, bei einem handgeschriebenen Testament muss dies in der Niederschrift vermerkt werden und nicht nur das sie übergeben wurde, sondern auch wie: verschlossen im Umschlag oder offen in die Hand des Notars (Beurkundenden). Dabei sind die Grundlagen aus dem Paragrafen § 17 zu beachten. Die Verwahrung des letzten Willens ist ebenfalls Teil des BeurkG und dort wurde folgendes verfügt:

§ 34 Verschließung, Verwahrung:

(1) Die Niederschrift über die Errichtung eines Testaments soll der Notar in einen Umschlag nehmen und diesen mit dem Prägesiegel verschließen. In den Umschlag sollen auch die nach den §§ 30 und 32 beigefügten Schriften genommen werden. Auf dem Umschlag soll der Notar den Erblasser seiner Person nach näher bezeichnen und angeben, wann das Testament errichtet worden ist; diese Aufschrift soll der Notar unterschreiben. [4]Der Notar soll veranlassen, dass das Testament unverzüglich in besondere amtliche Verwahrung gebracht wird.

(2) Beim Abschluss eines Erbvertrages gilt Absatz 1 entsprechend, sofern nicht die Vertragschließenden die besondere amtliche Verwahrung ausschließen; die ist im Zweifel anzunehmen, wenn der Erbvertrag mit einem anderen Vertrag in derselben Urkunde verbunden wird.

(3) Haben die Beteiligten bei einem Erbvertrag die besondere amtliche Verwahrung ausgeschlossen, so bleibt die Urkunde in der Verwahrung des Notars.

Noch mal zur Erinnerung, das Testament bzw. der Erbvertrag kann nach der Erfassung und nachdem alle Unterschriften geleistet worden sind, nachträglich zum Notar gebracht werden. Ich glaube nicht, dass viele von Ihnen ein Prägesiegel zu Hause bzw. in der Tasche haben. Mit der

besonders amtlichen Verwahrung ist, wie Sie bereits wissen, das Nachlassgericht gemeint. Wobei man bedenken sollte, dass so ein Testament zu Hause verloren gehen kann oder vielleicht sogar unabsichtlich oder auch absichtlich vernichtet wird. Eine Verwahrung bei Gericht hat den Vorteil, dass wirklich alles nach dem Willen des Erblassers erledigt wird, denn das Gericht zieht weder einen Vorteil noch einen Nachteil daraus.
Bei all dem Bezug auf dem Notar haben Sie sich bestimmt schon gefragt: „Was ist eigentlich, wenn der Notar den letzten Willen überhaupt nicht unterschreibt?" Berechtigte Frage, besonders bzgl. der Erstellung eines Nottestaments.

> *§ 35 Niederschrift ohne Unterschrift des Notars:*
>
> *Hat der Notar die Niederschrift über die Errichtung einer Verfügung von Todes wegen nicht unterschrieben, so ist die Beurkundung aus diesem Grunde nicht unwirksam, wenn er die Aufschrift auf dem verschlossenen Umschlag unterschrieben hat.*

Sehen Sie alles noch mal gut gegangen. Sie können dem Notar das Nottestament in einem verschlossenen Umschlag überreichen und er unterzeichnet einfach darauf. Der Gültigkeit der Urkunde hat das nicht geschadet. Wobei wir damit schon am Ende wären, was das BeurkG betrifft. Es gibt aber noch andere Gesetze, die sich mit „erben" beschäftigen, die sehen wir uns jetzt an.

Andere Gesetze, die sich ums Erbrecht drehen

Bevor wir uns der Realität zuwenden, sehen wir uns noch andere Gesetzte an, die sich auch ums Erben drehen. Zum Beispiel den Paragrafen § 211 der im Abschnitt 5 im BGB unter „Verjährung" zu finden ist.

> *§ 211 Ablaufhemmung in Nachlassfällen:*
>
> *Die Verjährung eines Anspruchs, der zu einem Nachlass gehört oder sich gegen einen Nachlass richtet, tritt nicht vor dem Ablauf von sechs Monaten nach dem Zeitpunkt ein, in dem die Erbschaft vom Erben angenommen oder das Insolvenzverfahren über den Nachlass eröffnet wird oder von dem an der Anspruch von einem oder gegen einen Vertreter geltend gemacht werden kann. Ist die Verjährungsfrist kürzer als sechs Monate, so tritt der für die Verjährung bestimmte Zeitraum an die Stelle der sechs Monate.*

Was heißt das im Klartext? Ansprüche gegen den Nachlass bzw. an den Erben können nur innerhalb von sechs Monaten geltend gemacht werden, danach gilt der Anspruch als verjährt. Aber es gibt auch noch andere Paragrafen, die nach dem Todesfall gelten und nicht im Abschnitt des Erbrechts zu finden sind, z.B. im Teil von Schuldverhältnissen aus Verträgen.

> *§ 331 Leistung nach Todesfall:*
>
> *(1) Soll die Leistung an den Dritten nach dem Tode desjenigen erfolgen, welchem sie versprochen wird, so erwirbt der Dritte das Recht auf die Leistung im Zweifel mit dem Tode des Versprechensempfängers.*
>
> *(2) Stirbt der Versprechensempfänger vor der Geburt des Dritten, so kann das Versprechen, an den Dritten zu leisten, nur dann noch aufgehoben oder geändert werden, wenn die Befugnis dazu vorbehalten worden ist.*

Das klingt jetzt alles ein bisschen verwirrend, also schlüsseln wir mal den ganzen Absatz auf. Erst einmal kommen wir zu den Fachwörtern, der Versprechungsempfänger ist die Person, die das ganze ins Rollen bringt, z.B. der Erblasser. Der Dritte ist in dem Fall die Person, die die Leistung erhält, wenn der Versprechungsempfänger gestorben ist. Jetzt darf man das Ganze nicht mit Erbrecht verwechseln, es fällt nämlich nicht unter das Erbrecht, es ist einzeln zu betrachten und setzt einen Vertrag zugunsten Dritter voraus.

Nun an einem Beispiel wird es deutlicher:

Der Erblasser war begeisterter Angler und hat seinem besten Kumpel versprochen, dass er seine Anglerhütte mit dem gesamten Equipment erhält, wenn der Erblasser sterben sollte. Sie haben zu Lebzeiten einen Vertrag aufgesetzt, indem alles festgehalten wurde und auch das die Witwe dann die Schlüsselübergabe vornimmt. Jetzt ist der Erblasser vor kurzem gestorben und so tritt Absatz 1 in Kraft. Der Dritte, in dem Fall der Kumpel, hat das Recht auf die Anglerhütte und könnte dies sogar einklagen.

Im zweiten Absatz geht es darum, wenn der Dritte z.B. ein ungeborenes Kind/Enkel/Patenkind etc. wäre. Stirbt der Erblasser, bevor der Enkel geboren wurde, gilt das Versprechen weiterhin, außer jemand anderes ist befugt das Versprechen zu lösen.

Ich hatte das Thema schon mal angesprochen. Erben bzw. vom Erbe ausgeschlossen werden, können Verwandte, wenn sie den Erblasser versuchen zu töten bzw. ihm nach dem Leben zu trachten. Hier geht es nicht um die Absicht jemanden zu töten um zu erben, sondern welche Rechte Sie gegenüber dieser Person (einem Dritten) haben, die sich z.B. durch einen Einbruch bereichern wollte, wo es zu einem Tötungsdelikt kam. Ich weiß kein Geld der Welt kann einen geliebten Menschen zurückholen, aber Sie sollten Wissen, dass diese kriminelle Person nicht nur mit einer Gefängnisstrafe davonkommen kann. Es hat auch in dem Sinne nichts mit Erbrecht an sich zu tun, aber mit dem Wissen, was Sie bereits besitzen werden Sie mir zustimmen, dass es Ähnlichkeiten aufweist.

§ 844 Ersatzansprüche Dritter bei Tötung:

(1) Im Falle der Tötung hat der Ersatzpflichtige die Kosten der Beerdigung demjenigen zu ersetzen, welchem die Verpflichtung obliegt, diese Kosten zu tragen.

(2) Stand der Getötete zur Zeit der Verletzung zu einem Dritten in einem Verhältnis, vermöge dessen er diesem gegenüber kraft Gesetzes unterhaltspflichtig war oder unterhaltspflichtig werden konnte, und ist dem Dritten infolge der Tötung das Recht auf den Unterhalt entzogen, so hat der Ersatzpflichtige dem Dritten durch Entrichtung einer Geldrente insoweit Schadensersatz zu leisten, als der Getötete während der mutmaßlichen Dauer seines Lebens zur Gewährung des Unterhalts verpflichtet gewesen sein würde; die Vorschrift des § 843 Abs. 2 bis 4 findet entsprechende Anwendung. Die Ersatzpflicht tritt auch dann ein, wenn der Dritte zur Zeit der Verletzung gezeugt, aber noch nicht geboren war.

Der Täter muss für die Beerdigungskosten aufkommen und nicht nur das, wäre der Erblasser unterhaltspflichtig gegenüber z.B. seiner Frau oder sogar einem ungeborenen Kind u.a. gewesen, muss der Täter auch dies übernehmen, und zwar so lange wie der Erblasser Unterhalt geleistet hätte (s.a. § 759 BGB). Überlebt der Erblasser den Angriff, wird aber erwerbsunfähig, so muss auch hier der Täter eine Geldrente bezahlen (s.a. § 760 BGB).
Noch mal zurück zur unterhaltspflichtigen Person, d.h. die Person, die den Unterhalt bekommt. Sollte diese Person versterben gilt folgender Paragraf.

§ 1615 Erlöschen des Unterhaltsanspruches:

(1) *Der Unterhaltsanspruch erlischt mit dem Tode des Berechtigten oder des Verpflichteten, soweit er nicht auf Erfüllung oder Schadenersatz wegen Nichterfüllung für die Vergangenheit oder auf solche im Voraus zu bewirkende Leistungen gerichtet ist, die zur Zeit des Todes des Berechtigten oder des Verpflichteten fällig sind.*

(2) *Im Falle des Todes des Berechtigten hat der Verpflichtete die Kosten der Beerdigung zu tragen, soweit ihre Bezahlung nicht von dem Erben zu erlangen ist.*

Stirbt also die unterhalspflichtige Person, oder der Täter bzw. der Ehepartner oder Lebenspartner, muss niemand mehr zahlen. Es sei denn der Unterhalt bezieht sich auf die Vergangenheit (§ 1613) oder anders gesagt ist rückwirkend zu zahlen, dann kann auch der Erbe gegenüber dem Täter für die unterhaltspflichtige Person den rückwirkenden Unterhalt einfordern. Stirbt der Täter so muss dessen Erbe den Betrag des noch offenen rückfälligen Unterhalts bezahlen. Und ab hier rate ich einen Anwalt zu fragen.

Erbbaurechtsgesetz - ErbbauRG

Ich will jetzt nicht über alle Möglichkeiten des Erbrechtes sprechen, wie Immobilien vererben, Hypotheken, u.a., weil das so viele individuelle Vorkommnisse sind, die wenn ich sie einzeln behandeln würde, sie mit dem Buch ihr Auto aufbocken könnten. Aber das Erbbaurecht kann für Menschen, die Immobilien bzw. Grundstücke erwerben wollen von Belang werden, deshalb ist es wichtig auch hiervon mal etwas gehört zu haben. Das Erbbaurecht hat so gesehen nicht direkt etwas mit „erben" zu tun, aber es ist sinnvoll es zu wissen, wenn man zu Lebzeiten ein Grundstück besitzt und es nach Erbbaurecht jemanden überlassen möchte. Und sollte man ein Grundstück nach Erbrecht abgeben, so sollten die Ihre Erben, wissen was Erbbaurecht ist. Ich weiß das klingt jetzt wieder ein wenig kompliziert ist aber ganz einfach.

Nehmen wir mal ein Beispiel:
Sie besitzen ein Grundstück, welches sie mal gekauft haben, aber nicht nutzen. Sagen wir mal Sie haben es für ihre Tochter gekauft, damit sie mal ihr Haus darauf bauen kann. Die Tochter ist aber ganz woanders hingezogen und wird auch nicht wiederkommen. Sie haben selbst ein Haus gebaut und brauchen das Grundstück nicht. Da die Preise gerade im Keller

sind würden Sie es mit Verlust verkaufen, was Sie nicht möchten. Ihnen bleibt da noch die Möglichkeit das Grundstück per Erbbaurecht einer Person zu überlassen.
Bedeutet, ihnen gehört das Grundstück weiterhin, sie erlauben nur der anderen Person darauf zu bauen oder wenn schon vorhanden, das Gebäude darauf zu nutzen, mit allen Rechten und Pflichten, wie wenn es ihm selbst gehören würde
Vorteil für den Erbbauberechtigten ist, dass er für sein Haus kein Grundstück mehr suchen muss und für das Grundstück eine individuell vereinbarte Miete (Erbbauzins) zahlt und er hat ein s.g. Vorkaufsrecht auf das Grundstück, wenn Sie es verkaufen möchten. Der Vorteil für Sie ist, dass Sie monatlich Geld für ihr Grundstück bekommen und der Erbbauberechtigte alle Kosten für das Haus (Baukosten, Strom, Versicherungen) trägt. Ihnen gehört das Grundstück bzw. Gebäude weiterhin.
Sie werden jetzt sagen: „Klingt doch wie Miete oder Pacht." Der entscheidende Unterschied liegt darin, dass kein Grundbucheintrag bei der Miete oder Pacht erforderlich ist. Aber schauen wir uns das mal genauer an.
Das Erbbaurecht kann nur durch einen gültigen Vertrag zustande kommen und dieser muss über einen Notar abgewickelt werden, weil ein Grundbucheintrag erforderlich wird. Keine Sorge es bleibt dabei das Sie Grundstückseigentümer bleiben, im Grundbuch wird dann eine extra Seite eingeführt das s.g. Erbbaugrundbuch indem alle Daten über den Erbbauberechtigten und der zu zahlenden Summe u.a., erfasst werden. Und was so von Gesetzes wegen in den Vertrag gehört, schauen wir uns mal an.

§ 2 Vertragsmäßiger Inhalt des Erbbaurechts:

Zum Inhalt des Erbbaurechts gehören auch Vereinbarungen des Grundstückseigentümers und des Erbbauberechtigten über:

1. *Die Errichtung, die Instandhaltung und die Verwendung des Bauwerkes;*

2. *Die Versicherung des Bauwerkes und seinen Wiederaufbau im Falle der Zerstörung;*

3. *Die Tragung der öffentlichen und privatrechtlichen Lasten und Abgaben;*

4. *Eine Verpflichtung des Erbbauberechtigten, das Erbbaurecht beim Eintreten bestimmter Voraussetzungen auf den Grundstückseigentümer zu übertragen (Heimfall);*
5. *Eine Verpflichtung des Erbbauberechtigten zur Zahlung von Vertragsstrafen;*
6. *Die Einräumung eines Vorrechts für den Erbbauberechtigten zur Zahlung auf Erneuerung des Erbbaurechts nach dessen Ablauf;*
7. *Eine Verpflichtung des Grundstückseigentümers, das Grundstück an den jeweiligen Erbbauberechtigten zu verkaufen.*

Soviel erstmal zum Inhalt des Vertrages, einiges hatte ich ja schon angesprochen, ist also nicht neu. Auf Punkt 4 komme ich jetzt explizit zu sprechen. Dazu sehen wir uns vorher noch folgenden Paragrafen an, der sich auf Punkt 4 bezieht.

> *§ 3 Heimfallanspruch:*
>
> *Der Heimfallanspruch des Grundstückseigentümers kann nicht von dem Eigentum an dem Grundstück getrennt werden; der Eigentümer kann verlangen, dass das Erbbaurecht einem von ihm zu bezeichneten Dritten übertragen wird.*

Genau da liegt nämlich der Knackpunkt beim Erbbaurecht, es gehört einem nicht das Haus welches man auf dem Erbau-Grundstück gebaut hat, obwohl man es komplett bezahlt hat, es gehört dem Grundstückseigentümer! Wenn aber die Vertragslaufzeit beendet ist, muss der Eigentümer dem Erbbauberechtigten eine Entschädigung für das auf seinem Grundstück erbauten Haus (bzw. Gebäude) bezahlen, wäre ja auch sonst unfair (s. § 27 Abs. 1).
Und der Erbbauberechtigte kann nicht einfach auf oder dem Grundstück tun und lassen was er will. Vertraglich kann man z.B. festhalten, dass wenn der Erbbauberechtige eine Hypothek aufnehmen möchte, das vorher mit dem Eigentümer besprochen werden muss. Selbst da gibt es Grenzen, denn die Hypothek darf die Hälfte des Wertes des Erbbaurechts nicht überschreiten! Ist der Vertrag ausgelaufen, muss der Eigentümer die Hypothekenschuld nicht übernehmen, es sei denn der Erbbauberechtigte haftet persönlich, dann schon (s.a. § 416 BGB).

Kommen wir zur Miete des Grundstücks. Der Eigentümer kann die Höhe der Erbbauzins selbst bestimmen, allerdings müssen die Vorschriften über Reallasten (§§ 1105-1112 BGB) eingehalten werden. Sollte der Erbbauberechtigte zwei Jahre mit der Erbbauzins in Verzug sein, so kann der Eigentümer von seinem Heimfallanspruch Gebrauch machen. Vergleichbar mit einem Vermieter, wenn man mit der Miete im Rückstand ist. Heimfallanspruch bedeutet also nichts anderes, als dass der Eigentümer auf den Tisch haut und sagt: „Wenn Sie die Vertragsbedingungen nicht erfüllen, verweise ich Sie von meinem Grundstück." Er macht quasi von seinem „Hausrecht" gebrauch (vgl. § 903 BGB Satz 1).
Das Erbbaurecht kann auf verschiedene Weise beendet werden, nämlich selbstverständlich vom Eigentümer selbst und nur von ihm. Und wenn die Vertragszeit abgelaufen ist. Übrigens was die Vertragszeit betrifft gibt es da keine Grenzen. Der Grundstückseigentümer kann den Vertrag für 20,50 oder weniger Jahre mit dem Erbbauberechtigten abschließen. In der Regel sind es längstens 99 Jahre. Wie schon erwähnt hat, der Eigentümer dem Erbbauberechtigten eine Entschädigung (z.B. für das selbst errichtete Haus) in angemessener Höhe zu zahlen, die vertraglich vorher festgelegt werden kann.
Ein wichtiger Hinweis zuletzt, sollte der Erbbauberechtigte nach Ablauf des Erbbaurechts bzw. beim Heimfall, versuchen das Haus vom Grundstück holen zu lassen (das geht wirklich, es gibt sogar Spezialfirmen, die das machen), so ist er dazu nicht berechtigt. Das klingt zwar lustig, ist aber eine Straftat.
Mein Tipp, wenn man Erbbaurecht in Betracht zieht, sollte man sich ziemlich gut informieren, einen guten Vertrag aufsetzen und immer im Hinterkopf behalten, dass man jederzeit des Grundstücks verwiesen werden kann. Nicht sofort, aber generell. Der Notar des Vertrauen ist da schon der richtige Ansprechpartner, genau wie ein Anwalt für Erbbaurecht.

Erbschaftskauf (§ 2371-2385)

Jetzt noch eine Besonderheit, die wohl nicht so oft vorkommt, ich sie deshalb trotzdem erwähnt haben möchte, damit Sie von sich sagen können: „Habe ich schon mal gehört!" Den Erbschaftskauf, der Begriff ist eigentlich ein wenig irreführend, denn hier wird kein Erbe gekauft, sondern verkauft. Es ist also nicht wie ein normaler Verkauf von Waren, hier kann der Alleinerbe sein Gesamterbe oder der Erbe aus einer Erbengemeinschaft seinen Erbanteil verkaufen. Es ist deshalb nicht normal, weil der Verkauf über einen Notar abgewickelt werden muss.

Wie muss man sich das vorstellen? Nun aus welchen Gründen ein Erbe seinen Anteil verkaufen möchte, kann unterschiedlicher Natur sein. Fakt ist man kann dadurch z.B. die Erbschaftssteuer umgehen und muss sich auch nicht um die Nachlassverbindlichkeiten kümmern, die werden nämlich mitverkauft.

Klar könnte der Erbe auch einfach das Erbe ausschlagen und schon wäre alles für ihn erledigt. Warum nicht auch ein wenig Geld in der Tasche haben? Ist das wieder Habgier oder unangebracht? Das liegt dann im Auge des Betrachters. Einer Der Gründe für den Verkauf kann auch sein, dass der Käufer vielleicht die Zeit hat die Gegenstände der Erbschaft zu veräußern, die der Erbe nicht hat.

Kommen wir erstmal zum Knackpunkt der Geschichte, denn um einen Erbteil oder das gesamte Erbe zu verkaufen muss der Erbfall eingetreten sein. Zu Lebzeiten des Erblassers geht das schon mal gar nicht. Man sollte wissen, dass wenn der Erbe seinen Anteil verkauft, er nicht automatisch das Recht verliert Erbe zu sein. Er kann immer noch der Erbe einer anderen Person werden.

Sollte es sich zum Beispiel um Geschwister handeln und sagen wir mal Bruder A verkauft seinen Erbteil (50 %) und Bruder B schlägt das Erbe aus, so bekommt Bruder A den Erbteil von Bruder B (50 %). Er kann den Erbteil dann auch verkaufen oder behalten, wie er möchte. Das Einzige was von Verkauf generell ausgeschlossen ist, sind Familienpapiere wie das Stammbuch der Familie inkl. der Geburtsurkunden etc. und Familienfotos (natürlich auch Videos).

Für den Verkauf von Erbteilen gilt es gleichermaßen, wie bei dem Verkauf von Waren. Der Verkäufer hat eine Herausgabepflicht der Erbschaftsgegenstände und alles was dazu gehört, wie Besitzurkunden, Eigentumsnachweise, Verträge (z.B. Mietverträge von einem Mehrfamilienhaus) usw. Wenn der Verkäufer (in dem Fall der Erbe) einen Erbschaftsgegenstand, vor dem Verkauf verbraucht, verschenkt oder mit Schulden belastet, muss er dem Käufer eine Entschädigung zahlen. Gleiches gilt für den Käufer, sollte der Verkäufer (Erbe) einen Teil der Nachlassverbindlichkeiten vor dem Kauf getilgt haben, kann er vom Käufer Ersatz verlangen (s.a. § 2378 Abs. 2, § 2382). Deshalb muss der Erbe das Nachlassgericht über den Verkauf der Erbschaft (des Erbanteils) informieren, damit die Nachlassgläubigers sich dann an den Richtigen wenden. Wo wir schon bei der Haftung sind, der Käufer haftet, mit dem Kauf, für sämtliche Nachlassverbindlichkeiten. Für den Käufer gilt die Beschränkung der Haftung des Erben nach § 1975-1992 BGB, er haftet unbeschränkt oder beschränkt auf die Erbschaft. Der Verkäufer haftet

nicht für Sachmängel, die z.B. an den Gegenständen des Erbes entstanden sind, es sei denn er hat den Mangel absichtlich verschwiegen oder er hat dem Käufer vorher garantiert, die Sachen seien Mangelfrei. Vorsicht also mit solchen Äußerungen, die können schnell nach hinten los gehen. Gilt übrigens auch bei Gegenständen die man außerhalb der Erbschaft verkauft (Auto, etc.). Weiterhin haftet der Verkäufer für Rechtsmängel, quasi wenn er jetzt nicht der rechtmäßige Erbe der Gegenstände bzw. des Erbanteils wäre. Ist fatal, solche kriminellen Sachen sollte man nicht machen. Wie schon erwähnt, haftet der Verkäufer mit dem Verkauf nicht mehr für Nachlassverbindlichkeiten, es sei denn er haftet unbeschränkt, bedeutet mit allem was er hat.
Ob man jetzt sein Erbe bzw. Erbanteil verkauft oder nicht, sei jedem selbst überlassen. Manches Mal wäre es besser, weil man so den Stress aus dem Weg gehen kann, den so eine Erbschaft mit sich bringt. Andererseits könnten einem Sätze um die Ohren fliegen, wie: „Wie konntest du das nur tun?" Man kann es im Erbfall wirklich niemanden Recht machen, dass sollten Sie wissen.

Kapitel 2

Erben - echte Fälle

Die Theorie lassen wir jetzt mal hinter uns und kommen zur Realität. Die folgenden Fälle entsprechen der Wahrheit und sind genauso passiert. Bevor ich darauf eingehe, möchte ich noch kurz meine ersten Gedanken mit dem Thema Tod und Sterben mit Ihnen teilen.
Als meine Uroma gestorben ist, bekam ich Angst vor dem Sterben, da war ich etwa sieben Jahre alt. Ich hatte Angst meine Eltern zu verlieren. Mein Opa bekam das mit und sagte zu mir: „Du bist noch so jung, mach dir darüber noch keine Gedanken." Ich überlegte kurz und kam zu dem Schluss das zwischen meiner Uroma und mir und zwischen meinen Eltern und meiner Uroma so viele Jahre liegen, dass ich mir wirklich keine Gedanken machen müsste. Ich war damals der Meinung, dass man nur im hohen Alter sterben kann.
Das änderte sich als ich ein Teenager wurde. Die Nachrichten waren voll davon, dass männliche Fahranfänger die Kunst besaßen, sich mit ihrem Auto um einen Baum zu wickeln und die Beifahrer bei diesem Versuch tödlich verunglückten. Was die Kamikazefahrer betraf, beschloss ich mich nie in ein Auto zu setzen, welches von einem männlichen Fahranfänger geführt wurde, um meine Eltern nach jedem Discobesuch wiederzusehen. In der Zeit hatte ich wieder Angst zu sterben, beschloss aber durch solche Maßnahmen dagegen zu wirken.
Jeder von uns wünscht sich im Alter im Bett zu liegen und friedlich einzuschlafen. Das wünschen wir uns auch für unsere Lieben, aber manchmal geht dieser Wunsch nur teilweise oder gar nicht in Erfüllung, wie auch folgende Fälle zeigen.

Fall 1 - Der Krebs hat zugeschlagen

Es war um die Jahrtausendwende, die Apokalypse war ausgeblieben und bald stand mein 20. Geburtstag an, als eines Tages meine Mutter ihre Sachen packte und mir mitteilte, dass sie ins Krankenhaus müsse. Ich machte mir keine Sorgen, denn wenn es etwas Schlimmes wäre, würde man es mir und meiner Schwester schon sagen. Ein paar Tage später wurde sie operiert und erholte sich gut. Dann wurde so langsam mit der Sprache rausgerückt - meine Mutter hatte Gebärmutterhalskrebs. Es folgten Bestrahlung und Chemotherapie. Das packte sie relativ gut weg, der erwähnte Haarhausfall blieb aus und die Behandlung schien Wirkung zu zeigen. Eine Reha folgte und danach ging meine Mutter wieder wie gewohnt arbeiten, es ging immer weiter bergauf. Zweieinhalb Jahre später schlief sie dann für immer ein, sie war 43 Jahre alt und hinterließ ihren Ehemann und zwei Töchter im Alter von 22 und 17 Jahren.

Zu den Fakten:

- kein Erbvertrag oder Testament
- diverse Lebensversicherungen
- eine Tochter wohnt noch zu Hause (17 Jahre)
- die andere Tochter ist schon ausgezogen und in der Ausbildung

Wie ist der Erbfall zu bewerten?

Erstmal ist klar, dass es sich um einen gesetzlichen Erbfall handelt. Dabei erbt der noch lebende Ehemann ¼ des Erbes (§ 1931) und die Kinder als Abkömmlinge (1. Ordnung § 1924) jeweils zur Hälfte den Rest. Da der Ehegatte im Voraus (§ 1932) das Anrecht hat, Sachen, die er zur Führung eines Haushaltes und die Hochzeitsgeschenke zu behalten, gehören diese Sachen nicht zum Nachlass. Zum Nachlass gehört nicht die Lebensversicherung der Verstorbenen. Die Lebensversicherungen werden an die Begünstigten ausgezahlt, was nicht heißen muss, dass der Begünstigte der Ehemann oder die Kinder sein müssen! In dem Fall war eine der Versicherungen an die Schwester der Verstorbenen ausgezahlt worden. Mit Hilfe eines Rechtsanwaltes könnten sich die Erben einen Teil, evtl. sogar alles wieder zurückholen. Was in dem Fall nicht geschehen ist.

Was passierte nach dem Tod der Erblasserin?

Eine heftige Auseinandersetzung tobte zwischen dem Vater und der Schwägerin über die Summe der Lebensversicherung. Die Auseinandersetzung trug Früchte und tobte zwischen den Eltern der Verstorbenen und den Schwiegereltern. Moralisch gesehen, sollte die Schwester der Verstorbenen das Geld den Erben aushändigen, was sie nicht tat. Der Zwiespalt blieb.
Gesetzlich gesehen hätten die Töchter der Erblasserin, bei ihrem Vater den Teil des Nachlasses der ihnen zusteht, einfordern können. Das haben sie aus Respekt ihrem Vater gegenüber nicht getan. Der Vater hat alles behalten, vor allem, weil eine der Töchter noch minderjährig war und noch zu Haus gewohnt hat. Allerdings wurden die Töchter teilweise bei der Sortierung der Habseligkeiten der Mutter gefragt, ob sie etwas davon behalten möchten.

Fall 2 – Es kommt erstens anders, und zweitens als man denkt

Mein Opa musste bereits eine von zwei Töchtern begraben. Da er mit der anderen Tochter keinen Kontakt mehr hatte fragte er mich, seine Enkelin, ob ich einverstanden damit wäre, als Bevollmächtigte in die Patentenverfügung eingetragen zu werden. Ich hatte zwar Bedenken gegenüber meiner Tante, weil sie für mich immer noch eine Respektsperson ist, aber da es der eindringliche Wunsch (er sagte, er würde sonst keinem anderen trauen) meines Opas war, konnte ich es ihm nicht abschlagen. Er wollte nicht, dass meine Tante meiner Oma nach seinem Tod das Haus wegnimmt oder ihr Geld. Meine Oma war durch eine verunglückte Operation zwar in der Lage sich um sich selbst zu kümmern, doch durch die beginnende Altersdemenz würde das nicht immer so bleiben. Sie war sowieso durch die OP geistig ein wenig eingeschränkt, aber wir haben sie geliebt und deshalb hat mein Opa sie nie entmündigen lassen. Sein Wunsch war präzise, ich sollte statt im Moment 4-5-mal im Jahr, jeden Monat hinfahren, um nach Post zu gucken (wichtige Briefe) und um nach dem Rechten zu sehen.

Er ließ bei seinem Notar eine Generalvorsorgevollmacht und Altersvorsorge-vollmacht erstellen. Ich bekam eine uneingeschränkte Kontovollmacht und mein Opa legte für die „Benzinkosten", ein Sparbuch auf meinen Namen an.

Ein paar Jahre später nachdem ihm der Arzt sagte, dass es nicht unbedingt gut um ihm stünde, mein Opa litt an Diabetes, ließ er von seinem Notar vor Ort einen Erbvertrag aufsetzen. In dem Erbvertrag war verfügt worden, dass bei seinem Tod, alles an meine Oma gehen würde: das Haus, deren Inhalt, sein Auto und das Geld. Wenn beide verstorben waren, sollte ein fester Geldbetrag zu gleichen Teilen an die Enkel gehen. Die noch lebende Tochter wurde als Erbin ausgeschlossen. Der Erbvertrag wurde beim Notar verwahrt. Mein Opa starb bald darauf im Alter von 82 Jahren.

<u>Zu den Fakten</u>:

- gegenseitiger Erbvertrag der Ehegatten
- zum Nachlass gehört eine Immobilie
- Vollmachten und Verfügungen der Enkelin
- eigene Tochter als gesetzliche Erbin ausgeschlossen

<u>Wie ist der Erbfall zu bewerten?</u>

Erstmal möchte ich auf die Vollmachten zu sprechen kommen.

Die Enkelin hatte die Vollmacht in Vermögensangelegenheiten (Kontovollmacht), der Gesundheitssorge nach § 1904 Abs. 1, S.1:

„Die Einwilligung des Betreuers in eine Untersuchung des Gesundheitszustands, eine Heilbehandlung oder einen ärztlichen Eingriff bedarf der Genehmigung des Betreuungsgerichts, wenn die begründete Gefahr besteht, dass der Betreute auf Grund der Maßnahme stirbt oder einen schweren und länger dauernden gesundheitlichen Schaden erleidet."

der Aufenthaltsbestimmung nach § 1906 Abs. 1 und 4 (z.B. in einer Pflegeeinrichtung) und eine Betreuungsverfügung bzw. eine Patientenverfügung.
So hatte der Erblasser alles abgesichert, Bank, Gesundheit und die Aufenthaltsbestimmung der Oma. Aber kommen wir zum Erbfall.
Der gesetzliche Erbfall greift hier nicht, weil der Erblasser einen Erbvertrag hat aufsetzen lassen, der die Ehefrau eindeutig als Alleinerbin vorsieht.
Die Enkel erben ebenfalls nichts, weil der Erbfall der sich auf die Enkel bezieht, noch nicht eingetroffen ist, erst mit dem Tod der Oma. Die Immobilie bleibt im Besitz der Oma, außerdem ist im Grundbuch ein s.g. Dauerwohnrecht nach § 31-41 des Wohnungseigentumsgesetzes eingetragen worden, was einige Probleme nach sich zieht, sollte z.B. die Tochter versuchen wollen das Haus zu verkaufen. Durch das Dauerwohnrecht müsste die Tochter ihre Mutter für den Auszug entschädigen und das kann unter Umständen sehr teuer werden. Zur Berechnung der Entschädigung wir das durchschnittliche Lebensalter für Frauen hinzugezogen. Sollte die Mutter älter werden, muss die Entschädigung für weitere fünf Jahre gezahlt werden und das verlängert sich so lange, bis die Mutter stirbt.
Da die Tochter vom Erbfall ausgeschlossen ist, erbt sie nichts.
Die verstorbene Tochter hat zwei Abkömmlinge (zwei der Enkel), die an die Stelle ihrer Mutter treten. Sie erben ebenfalls nichts, haben aber Anspruch auf den Pflichtteil.

Was passierte nach dem Tod des Erblassers?
Nun das ist keine schöne Geschichte und einer der Fälle warum ich Erben für ein dreckiges Geschäft halte. Ich erzähle Ihnen warum.
Nach dem Tod des Erblassers trat einer der Enkel (Sohn der vom Erbfall ausgeschlossenen Tochter) in den Vordergrund. Er forderte, dass die Oma in ein Pflegeheim kommt, was die Enkelin zu verhindern wusste, jedenfalls zu dem Zeitpunkt. Kurz nach der Beerdigung ging der Enkel mit der Oma

zum Notar, entzog seiner Cousine alle Vollmachten und Verfügungen und übertrug sie auf sich. Danach versuchte er seine Oma zu Entmündigen, was scheiterte. Er holte sich eine größere Summe von dem Konto der Oma und nahm das Auto des Erblassers mit. Freunde der Familie rieten den beiden Enkeln (Töchter der verstorbenen Tochter) ihren Pflichtteil einzufordern, bevor der Enkel der Oma alles wegnehmen würde. Was sie dann auch schweren Herzens taten, aber sie wussten, dass es im Sinne des Erblassers gewesen wäre. Denn der wollte genau diesen Ausgang eigentlich verhindern. Ein halbes Jahr später entzog die Oma dem Enkel die Vollmachten und übergab sie einen Dritten. Dieser schottete die Oma vor der gesamten Familie ab und setzte noch einen drauf, indem er ein Hausverbot aufsetzte und das von der Oma unterschreiben ließ. Sie wusste aber aufgrund ihrer geistigen Gesundheit, was sie da unterschrieben hatte! Außerdem eröffnete er ein Bankkonto bei einer anderen Bank und löste das Sparbuch, welches für die Enkelin vorgesehen war, auf. Er bedrohte und beschimpfte die Enkelin, die immer noch versuchte den letzten Willen ihres Opas zu erfüllen. Mittlerweile ist die Oma im Pflegeheim und wird vom Gericht betreut.

Fall 3 – Habgier ist eine Todsünde

Unser nächster Fall ist ein Witwer, der zwei erwachsene Töchter hat. Er hat kein Testament oder Erbvertrag erstellt. Der Witwer ist begeisterter und erfahrender Motorradfahrer und nutzt jeden Augenblick, um das auch auszukosten. Er lebt allein, also fährt er, wann immer er möchte. Da er in der Woche oft auch am Samstag arbeitet, bleibt ihm dafür nur der Sonntag. Auch wenn er mit seinem Motorrad zufrieden ist, hat er sich nach einem anderen Motorrad umgeschaut und auch schon eines ins Auge gefasst. Er trifft sich an einem Sonntag mit dem Verkäufer, um eine Probefahrt zu machen und einige Details zu besprechen. Der Witwer fährt nicht allein auf die Probefahrt, der Verkäufer und ein Freund des Verkäufers begleiten ihn. Die Gruppe macht sich auf in Richtung Sauerland, auf eine beliebte Motorradstrecke. Da passiert es, der Witwer verliert aus ungeklärter Ursache die Kontrolle über die Maschine, prallte gegen einen Baum und ist sofort tot. Jegliche Wiederbelebungsversuche scheitern.

<u>Die Fakten</u>:

- Witwer
- zwei Kinder
- kein Testament oder Erbschein

Wie ist der Erbfall zu bewerten?
Der Witwer war nicht wieder verheiratet und lebte auch nicht in einer Lebenspartnerschaft, es gibt kein Testament oder Erbschein – die gesetzliche Erbfolge tritt in Kraft. Nach der gesetzlichen Erbfolge sind lt. § 1924 die gesetzlichen Erben erster Ordnung die Erben, in dem Fall seine Kinder (Abkömmlinge des Erblassers). Sie erben zu gleichen Teilen. Wenn die andere Tochter nicht das Erbe ausgeschlagen hätte. Somit erbt die Tochter, die das Erbe angenommen hat, alles.

Was passierte nach dem Tod des Erblassers?
Da das Motorrad nicht dem Erblasser gehörte, forderte der Eigentümer die vereinbarte Kaufsumme von der Tochter. Ein schriftlicher Kaufvertrag bestand nicht, weshalb die Tochter sich weigerte zu zahlen. Der Eigentümer zog vor Gericht und verlor den Prozess.
Die ehemalige Lebensgefährtin des Erblassers (sie waren schon über ein Jahr getrennt) machte sich derweil an dem Sparbuch des Erblassers zu schaffen, indem sie es munter abräumte. Sie hatte eine Vollmacht, die wie wir wissen über den Tod hinaus gilt. Die Sache wird derzeit vor Gericht verhandelt.

Fall 4 – Es wird Zeit für mich zu gehen

Meine Uroma war schon 78 Jahre alt, als sie krank wurde. Nach langer Pflege verstarb sie im Alter von 80 Jahren. Sie hatte vier Kinder, mehrere Enkel und vier Urenkelkinder. Die Kinder sind noch alle am Leben, aber von Nordfriesland bis zum Ruhrgebiet verstreut. Mein Uropa war schon vor 23 Jahre gestorben. Meine Uroma hinterließ ein Haus und ein wenig Geld, aber kein Testament oder Erbschein.

Die Fakten:
- Erblasserin, allein
- vier Kinder
- eine Immobilie
- keine Testament oder Erbschein

Wie ist der Erbfall zu bewerten?
Es gibt kein Testament oder Erbvertrag, also tritt die gesetzliche Erbfolge in Kraft, bedeutet die vier Kinder erben die Immobilie und des hinterlassene Geld. Ab jetzt sind sie nach § 2032 als Erbengemeinschaft anzusehen, die gemeinsam die Immobilie verwalten. Die Enkelkinder bzw.

die Urenkel sind von der Erbschaft ausgeschlossen, weil die Kinder alle noch am Leben sind.

Was geschah nach dem Erbfall?
Da die Kinder verstreut waren, waren sie sich zuerst nicht einig darüber was mit der Immobilie geschehen sollte. Da keiner in das Haus einziehen wollte, beschloss der älteste Sohn das Haus zu verkaufen und den Erlös unter der Erbengemeinschaft aufzuteilen. Zuerst waren alle dagegen, da aber keiner eine bessere Lösung hatte, wurde das Haus dann doch verkauft.

Fall 5 - Das Haus

Mein Großonkel und meine Großtante lebten in Bremen. Mein Großonkel ist Friseurmeister und hatte seinen eigenen Salon. Als er ein gutes Angebot bekam, verkaufte er das Haus inkl. des Salons und sie zogen in ein kleines Dorf und kauften sich dort eine Villa. Die Jahre vergingen und meine Großtante wurde krank und starb schließlich.

Die Fakten:
- der Großonkel
- drei Kinder
- die Villa
- kein Testament oder Erbschein

Wie ist der Fall zu bewerten?
Da auch hier kein letzter Wille verfasst wurde, tritt die gesetzliche Erbfolge in Kraft. Der Großonkel erbt zu ¼ und die Kinder jeweils auch zu ¼.

Was geschah nach dem Erbfall?
Die Kinder wussten, dass sie erben würden und ließen sich über einen Notar für das Haus ins Grundbuch eintragen, so dass der Großonkel nicht mal das Haus hätte verkaufen können, was für ihn allein viel zu groß ist (ca. 200 m^2).

Fall 6 - Erbengemeinschaft: Nein danke!

Unsere nächste Geschichte handelt von einem Bergmann, der auf verschiedenen Schächten im Ruhrgebiet gearbeitet hat und in die Rente geprügelt werden musste, weil ihm die Arbeit so viel bedeutete. Er hat eine große Familie um sich geschart, acht Kinder. Er wohnte mit seiner Familie in einem Mietshaus, welches er verließ, als seine Frau von ihm ging. Er heiratete erneut, zum Leitwesen seiner Kinder, da war er schon Rentner. Die viele Freizeit, die er hatte nutzte er zum Reisen. Irgendwann holte ihn wieder die Vergangenheit ein und es zog ihn zu seinen Kindern. Seine Krankheit, er war Diabetiker, ließ es nicht mehr zu, dass er allein in seiner Mietwohnung blieb. Nach langer Zeit bei einem seiner Kinder, entschloss er sich für ein Pflegeheim. Sein Hab und Gut beschränkte sich auf seinen Fernseher, seine Anziehsachen und sein Geld. Ein Testament hat er nie gemacht. Der älteste Sohn hatte eine Kontovollmacht für das Konto des Vaters. Er verstarb im hohem Alter von 84 Jahren.

<u>Die Fakten</u>:

- acht Kinder, davon eines verstorben
- kein Testament
- hinterlässt Geld

<u>Wie ist der Fall zu bewerten?</u>

Die gesetzliche Erbfolge tritt in Kraft. Es erben alle acht Kinder zu gleichen Teilen. Da eines der acht Kinder bereits verstorben ist, tritt an seine Stelle der Abkömmling (das Enkelkind). Die Übrigen Enkelkinder sind vom Erbe ausgeschlossen!

<u>Was geschah nach dem Erbfall?</u>

Nichts, denn der älteste Sohn war wohl der Meinung, dass er als Ältester zu bestimmen hat. Er nahm das Geld und schloss das Konto, ohne die Zustimmung der Erbengemeinschaft einzuholen, die wie Sie ja wissen, nach § 2038 BGB zusammen für die Verwaltung des Nachlasses verantwortlich sind. Der Enkel bzw. die Geschwister haben von dem Geld nichts gesehen. Wobei es hier nicht ums Geld geht, sondern darum, dass die Erbengemeinschaft übergangen worden ist. Die Geschwister hätten das Recht ihren Anteil vom Bruder einzufordern.

Wie sagt man so schön: „Wie das Leben so spielt!"

Der Todesfall tritt ein – Was jetzt?

Es ist für jeden ein einschneidendes Erlebnis, selbst wenn das Ende eines geliebten Menschen absehbar ist. Von jetzt auf gleich kann man mit der Person nicht mehr sprechen, sie besuchen oder sie umarmen.
Was ist zu tun? Nun das kommt erstmal darauf an, wo der oder die Verstorbene gestorben ist, im Krankenhaus, im Pflegeheim, zu Hause, im Urlaub, auf der Straße u.a.?
Die Verstorbenen werden entweder im Zimmer gelassen (Pflegeheim) oder in einer Kühlkammer gelagert. Auf jeden Fall machen alle um einen herum Druck, einen Bestatter zu suchen. Wenn man sich im Vorfeld keine Gedanken darüber gemacht hat, geht man schnell die gelben Seiten durch und ruft einen an. Geld spielt keine Rolle? Oder doch? Die städtischen Gebühren sind bei allen Bestattern dieselben, aber je nachdem welche Leistungen der Bestatter bietet, lohnt es sich Vergleiche zu ziehen. Dazu später mehr.
Der Schock sitzt tief, wenn es dann passiert ist. Seelsorger können da im ersten Moment helfen. Die einen möchten reden, die anderen ihre Ruhe. Wo wir auch schon bei einem Punkt wären. Wenn Sie eine Freundin oder Freund sind und den Hinterbliebenen Trost spenden wollen und nicht wissen was sie machen sollen, fragen Sie die Personen und mischen Sie sich definitiv nicht ein! Bieten Sie ihre Hilfe an, sagen Sie wobei sie helfen möchten. Der Hinterbliebene wird dann auf Sie zukommen, oder eben nicht. Sehen Sie das nicht als gegen Sie gerichtet an. Man hat als Hinterbliebener viel um die Ohren und muss erstmal mit der neuen Situation klarkommen. Einige funktionieren einfach und fallen später in sich zusammen (dabei können Jahre vergehen) andere bekommen in dem Moment gar nichts mehr auf die Reihe, sind wie gelähmt.
Ich spreche da aus eigener Erfahrung. Als meine Mutter gestorben ist, war ich einerseits traurig und andererseits froh darüber, dass sie nun nicht mehr leiden musste. Mein Vater empfand das als Herzlos. Dabei hatte meine Mutter kurz vor ihrem Tod mit großen Schmerzen zu kämpfen. Man konnte damals zusehen, wie sie immer schwächer wurde. Dadurch konnten wir uns auf ihren Tod vorbereiten und uns von ihr verabschieden. Damals war mein Vater nicht mehr in der Lage irgendetwas zu managen, weshalb ihm meine Tanten zur Seite standen, sehr zum Leitwesen meiner Schwester und mir. Wir wollten auch mitentscheiden, was uns verwehrt wurde. Mir persönlich ging das sehr gegen den Strich, immerhin war sie meine Mutter.

Kommen wir zu den wichtigen Fragen bei einem Todesfall.

Friedhof oder nicht?

Jeder steht erstmal wie ein Ochse vor dem Berg, wenn der Todesfall eintritt, besonders wenn man nie darüber gesprochen hat ob der Verstorbene auf dem Friedhof beerdigt werden möchte oder eben nicht. Die einen mögen die Vorstellung nicht „von den Würmern gefressen zu werden!", und wollen sich deshalb verbrennen lassen. Aber wohin mit der Urne? Zu Hause auf dem Kaminsims oder im Regal ist bei uns in Deutschland nicht erlaubt. In ein Urnengrab, ein Rasengrab oder in ein Kolumbarium? Ich bin mir sicher, der Eine oder andere von Ihnen war schon mal auf einer Beerdigung, aber wenn Sie sich unter dem eben genannten nichts vorstellen können, geht es Ihnen so, wie es mir gegangen ist.
Damit es Ihnen nicht genauso ergeht (mittlerweile weiß ich Bescheid!), sehen wir uns ein paar Bestattungsarten an und was sie kosten. Dabei noch ein Hinweis was die Kosten betrifft, sie beziehen sich auf die Bestattungskosten der Stadt Bochum. Fangen wir mal mit was ganz Einfachem an, den zwei Arten der Bestattung, die Sie auf jeden Fall kennen oder von denen Sie zumindest schon mal davon gehört haben:

- Sargbestattung
- Urnenbestattung

Das wäre die erste Frage, mit der sich der Hinterbliebene auseinandersetzen muss. Möchte man in einem Sarg oder verbrannt und dann in einer Urne bestattet werden oder lieber die klassische Sargvariante? Bei beiden Bestattungsarten kann man sich übrigens von dem Verstorbenen am offenen Sarg verabschieden, weshalb dies für mich kein Grund wäre, das Eine dem anderen vorzuziehen. Jedenfalls noch nicht an dieser Stelle.

Sargbestattung

Bei der Sargbestattung sollte man sich überlegen, ob man als Ehepaar vorsorglich eine Familiengrabstätte möchte oder nur ein Einzelgrab. Die Unterschiede liegen natürlich im Preis und in der Menge der Grabstellen, die bei einer Familiengrabstätte durchaus mehr als zwei Stellen betragen kann. Bei einer Familiengrabstätte würden 2.360 € je Grabstelle (also pro

Person) anfallen zzgl. der Bestattung für einen Sarg 1.385 €, käme man auf eine Gesamtsumme von 3.745 €. Dem gegenüber läge die Bestattung in einem Einzelgrab mit 2.265 €.
Es geht hier nicht nur um das Geld, sondern auch um die Frage: „Wer das Grab pflegen soll?" Möchte man niemanden Zumuten das Grab zu pflegen ist nicht immer die Beauftragung einer Fachfirma die letzte Lösung zur Grabpflege. Es gibt auch die Möglichkeit einer Rasenfamiliengrabstätte, diese muss von den Angehörigen nicht gepflegt werden, denn wie der Name schon sagt, ist diese begrünt. Die Angehörigen haben hier die Möglichkeit einen Stein auf die Grabstelle setzen zu lassen, um den Rest kümmert sich die Friedhofsverwaltung, was natürlich mit Kosten verbunden ist.
Eine Rasenfamiliengrabstätte kostet pro Grabstelle 2.800 € zzgl. der Kosten für die Bestattung eines Sarges von 1.530 € käme man auf 4.330 €. Im ersten Moment ein Schock, aber wenn man weiß, dass die Grabpflege über eine Firma mindestens ca. 200 €/Jahr (bei 25 Jahren ca. 5.000 €) oder mehr als 10.000 € kosten kann, ist das nicht teuer. Man bedenke die Firma möchte ihr Geld im Voraus. Nur der Vollständigkeit halber, bei einem Einzelrasengrab liegen die Kosten bei 2.640 € für die Beisetzung und das Grab. Es gibt noch weitere Möglichkeiten der Bestattung, die Sie bitte mit dem hiesigen Bestattungsunternehmen klären.
Die letzte Ruhe ist bei allen Gräbern, zumindest in Bochum, für 25 Jahre vorgesehen. Ergänzend ist noch zu erwähnen, dass wenn die Beerdigung auf einen Samstag fällt, ein Zuschlag von 252 € gezahlt werden muss.[1]
Ich denke das wussten Sie gar nicht, ich auch nicht.

Urnenbestattung

In der Urnenbeisetzung sind die Bestattungsarten sehr viel unterschiedlicher. Ehepaare können, wenn sie keine Erdbestattung möchten, in einem Kolumbarium bestatten werden. Oh das hätte ich fast vergessen, viele wissen gar nicht, was ein Kolumbarium überhaupt ist. Gehen Sie mal auf einen Friedhof, nur mal so und halten Sie nach großen Schränken Ausschau, die wie Regale aussehen und die mit Platten wo Namen und/oder Daten von Verstorbenen darauf stehen, verschlossen sind. Das sind Kolumbarien. In jedem Fach können zwei Urnen bestattet werden. Die Fächer werden dann mit den s.g. Verschlussplatten verschlossen. Diese können von den Angehörigen vorher mit dem Namen

---

[1] Quelle: Friedhofsgebührensatzung der Stadt Bochum, Stadt Bochum: Bestattungsarten auf städtischen Friedhöfen.

des Verstorbenen oder einem Symbol gestaltet werden, wofür sie sich bitte an einen Steinmetz ihrer Wahl wenden, der Ihnen da besser helfen kann, als ich.
Eine Urnenfamiliengrabstätte kostet 1.280 € (für zwei Grabstellen), dazu kommen die Kosten für die Beerdigung von 585 € pro Stelle und die Kosten für die Einäscherung und der letzten amtsärztlichen Untersuchung von 245,14 € und 42,90 €, die Gesamtkosten würden sich dann auf 2.153,04 € summieren. Die Urnenfamiliengrabstätte ist auf sechs Urnen pro Grabstätte begrenzt.
Bei einer Urnenreihengrabstätte zahlt man für die Beisetzung und die Grabstätte 1.340 € zzgl. der Kosten für die Einäscherung und die amtsärztliche Untersuchung ist man bei einer Gesamtsumme von 1.628,04 €. Auch bei einer Urnengrabstätte kann man die pflegefreie Variante wählen, die Kosten liegen insgesamt bei 2.558,04 € für zwei Grabstellen (1.280 €) inklusive 990 € für die Beisetzung und die 288,04 € (Einäscherung + Untersuchung). Für eine einzelne Urne lägen die Kosten niedriger mit 1.888,04 € (Beisetzung + Grabstätte + Einäscherung und Untersuchung).
Die Beisetzung in einem Kolumbarium ist ideal für Ehepaare und würde mit 2.923,04 € zu Buche schlagen, darin enthalten wären die Grabstätte für zwei Stellen mit 2.100 € inkl. die Bestattung für eine Person von 535 € und die Gebühren für Einäscherung und Untersuchung.
Auch für die Urnen ist eine letzte Ruhe von 25 Jahren vorgesehen und der Samstagszuschlag ist hier ebenfalls fällig (105 €).[2]

Anonyme Bestattung

Es gibt noch die Möglichkeit sich anonym bestatten zu lassen. Anonym bedeutet in dem Fall, dass die Asche z.B. auf einer Wiese verstreut wird. Der Haken an der Sache ist, dass der Hinterbliebene nicht genau weiß wo und den Verstorbenen auch nicht besuchen kann. Manchmal bieten die Städte für eine anonyme Bestattung einen Stein (Obelisk) an, wo die Hinterbliebenen Blumen und Kerzen ablegen bzw. aufstellen können. Man kann dort ein Schild mit dem Namen des Verstorbenen oder ähnlichem des Verstorbenen anbringen lassen. Gut, dann ist es nicht mehr ganz so anonym, aber es weiß ja keiner wo der Verstorbene liegt! Der Vorteil läge natürlich in der Pflege, denn diese Grabstellen müssen nicht von den Hinterbliebenen gepflegt werden.

---

[2] Quelle: Friedhofsgebührensatzung der Stadt Bochum, Stadt Bochum: Bestattungsarten auf städtischen Friedhöfen.

Das sollte man sich gut überlegen, besonders wenn der Partner davon nicht so begeistert wäre. Habe ich schon von gehört.

Die Seebestattung

Hier im Ruhrgebiet werden keine Seebestattungen vollzogen, aber angeboten! Die Trauergesellschaft fährt dafür, je nach Wunsch, an die Ost- bzw. Nordsee. Man fährt mit einem Schiff auf die Nord- oder Ostsee hinaus, ankert an die dafür vorgesehene Stelle (die kann man sich nicht aussuchen, sie ist vorgeschrieben!) und lässt die Urne zu Wasser. Die Urne ist extra für die Seebestattung gemacht und löst sich nach ein paar Stunden vollständig im Wasser auf. Ein paar Tage nach der Bestattung erhält man ein Logbuchauszug und eine Seekarte, auf der die genaue Position der zur Wasser gelassenen Urne vermerkt ist. Der Vorteil einer solchen Bestattungsform ist, dass sich niemand um ein Grab kümmern muss. Der Nachteil, die Hinterbliebenen haben keine Anlaufstelle. Darauf haben die Reedereien schon reagiert und bieten den Hinterbliebenen und Angehörigen s.g. Gedenkfahrten an, wo man dann noch mal zu der Stelle fährt, wo die Urne zu Wasser gelassen wurde.[3]
Wie erwähnt, können Sie die Seebestattung bei ihrem Bestatter vor Ort buchen, der kümmert sich dann um alles Weitere.

Ich selbst habe mich mal für meinen Opa über dieses Bestattungsform informiert. Da mein Opa aus Nordfriesland stammt, lag es nahe sich in der Nordsee bestatten zu lassen, mein Opa war begeistert und meine Oma war dagegen.

Bestattungsformen, die ich bzw. wir gewählt haben

Ich persönlich bin schon mit drei Bestattungsformen in Berührung gekommen. Meine Mutter wurde klassisch in einem Sarg in einem Reihengrab bestattet. Auf dem Grab liegt ein großer Grabstein, in der ihr Name, Geburts- und Sterbedatum eingraviert wurde. Mein Vater hat noch eine Hand die eine Rose hält eingravieren lassen. Sehr Pflegeintensiv, zwei Mal im Jahr werden die Gravuren mit einer Zahnbürste gereinigt. Im Winter legen wir einen Doppelstrauß auf das Grab und darüber findet eine Grablampe Platz.

Mein Opa wurde auch in einem Sarg, aber in einem pflegeleichten Rasengrab bestattet. Nachdem meine Oma die Seebestattung abgelehnt hatte, aber nicht in der Lage ist das Grab zu pflegen, war das die beste

---

[3] Vgl. www.adler-schiffe.de, Stichwort: Seebestattung.

Alternative. Er wollte auch nicht, dass wir das Grab pflegen müssen, weil wir nicht gerade um die Ecke wohnen. Auf dem Grab liegt jetzt ein kleiner Grabstein mit seinem Namen darauf, schlicht in Schwarz mit eingravierten Buchstaben. Im Nachhinein wäre die Seebestattung doch besser gewesen, denn dann wäre er dort bestattet worden, wo er geboren wurde und die Grabpflege wäre auch kein Thema.

Mein Papa haben wir in einer Urne bestatten lassen, weil die Polizei mir nahegelegt hatte, ihn nicht noch mal anzusehen und ihn so in Erinnerung zu behalten, wie ich ihn zuletzt sah. Ein Unfall ist eben etwas anderes, als wenn jemand einfach einschläft. Da ich mich ärgerte, dass ich bei meiner Mutter keine Blumen pflanzen kann, designte ich kurzerhand einen Grabstein, den ich bepflanzen konnte oder eben nicht, so wie ich wollte. Er besteht aus einer Umrandung und zwei Platten. Auf einer findet eine Grablaterne Platz und auf der anderen steht der Name mit Geburts- und Sterbedatum. Im Sommer pflanze ich Blumen und im Winter entferne ich die Blumen, lege ein Unkrautflies hinein und fülle den Raum mit Pinienrinde aus und darauf kommt ein Wintergesteck. So habe ich bis zum Frühjahr Ruhe.
Meine Uroma (mütterlicherseits) wurde damals ganz klassisch im Sarg in einer Familiengrabstätte neben meinem Uropa bestattet. Weil mein Opa und seine Geschwister so verstreut wohnten, haben sie sich damals für eine Ganzjahresgrabpflege entschieden.

Das Bestattungsunternehmen ihres Vertrauens

Warum ihres Vertrauens? Weil Sie sich jederzeit ein Bestattungsunternehmen ihrer Wahl suchen können, bei dem Sie sich wohl fühlen. Hört sich jetzt komisch an, aber wenn sie sich als Ehepaar ein Bestattungsunternehmen anschauen, wird später vielleicht nur einer von Ihnen dort sitzen und die Trauerfeier für seinen Liebsten planen. Oder Sie können ihre Trauerfeier und alles was dazu gehört selbst planen, indem Sie mit ihrem Bestattungsunternehmen ihrer Wahl einen Bestattungsvorsorgevertag abschließen. Sie teilen ihrem Bestattungsunternehmen ihre Wünsche für Musik, Floristik, Bestattungsart u.a. mit und halten dies schriftlich in einem Vertrag fest, so können Sie sicherstellen, dass alles nach ihren Wünschen ausgeführt wird. Sie kennen die Kosten und können mit Hilfe eines Bestattungstreuhandkontos die Summe der Beerdigung anlegen und bei Eintritt des Todesfalls, wird die Summe direkt an den Bestatter mit dem sie den

Bestattungsvorsorgevertrag abgeschlossen haben, ausbezahlt. So ist das Geld sicher und wird nur für ihre Beerdigung verwendet.

Wenn man kein Bestattungsvorsorgevertrag hat, kommt der Bestatter zu einem nach Hause oder man fährt hin und bespricht alle Details. Zuerst werden die Daten des Verstorbenen aufgenommen: Name, Sterbedatum (u.a.), derzeitiger Aufenthaltsort (muss nicht immer in derselben Stadt oder Bundesland oder Land sein); wobei die Sterbeurkunde da Abhilfe schafft. Darüber hinaus, je nachdem welche Leistungen des Bestatters Sie in Anspruch nehmen werden, die Krankenversichertenkarte, Rentenversicherungsausweis, Versicherungspolicen. Das Bestattungsunternehmen braucht außerdem unabhängig von den Leistungen, den Personalausweis und am besten die Urkunden aus dem Familienstammbuch.
Sind diese nicht vorhanden: die Geburtsurkunde, Heiratsurkunde, Scheidungsurteil (natürlich nur wenn vorhanden). Die Urkunden kann der Bestatter über das hiesige Standesamt besorgen, was natürlich mit Kosten verbunden ist.
Dann bespricht man die Bestattungsart: Erd- oder Feuerbestattung, welches Grab bzw. welche Art der Beerdigung man bevorzugt (z.B. Seebestattung). Was man sich für die Trauerfeier wünscht, z.B. die Lieblingsmusik des Verstorbenen zu spielen. Ob man eine Trauerrede abhalten möchte, Fotos oder Videos des Verstorbenen vorführt. Die Möglichkeiten sind fast unbegrenzt. Man sucht die Blumen aus, die dann in der Trauerhalle neben dem Sarg oder der Urne platziert werden. Die Bestattungsunternehmen haben Ordner, wo Sie sich eine Urne oder den Sarg aussuchen können oder einen Raum im Bestattungsinstitut. Es wird besprochen, ob man eine Traueranzeige in der Zeitung veröffentlichen möchte und wie die Trauerkarten aussehen sollen. Wie viele Gäste zu erwarten sind usw. Für die Planung der Trauerfeier, können schon mehr als zwei Stunden vergehen, je nach Aufwand, dies sollte man berücksichtigen.
Kurz zurück auf die Leistungen der Bestatter. Sie schreiben, wenn man möchte die Versicherungen an und regeln alles, kündigen Abos und andere Verträge die der Verstorbene hatte. Sie stehen einem mit Rat und Tat jederzeit zur Seite und sind immer Freundlich und Hilfsbereit, jedenfalls war das meine Erfahrung.

Meine Erfahrung mit einem Bestattungsunternehmen.
Für mich war es auch das erste Mal das ich eine Beerdigung geplant habe, bei meinem Opa hatte ich zwar auch ein Mitspracherecht, aber es war schon viel geregelt. Als mein Papa gestorben ist, war das anders, meine Schwester und ich entschieden alles, bis ins kleinste Detail. Es gab keinen Streit, weil wir so ziemlich derselben Meinung waren.
Ich hatte mich für das Bestattungsunternehmen entschieden, welches sich damals um die Bestattung meiner Mutter gekümmert hat. Die Mitarbeiter waren sehr nett und freundlich, als wir zur Tür reinkamen. Der Erste Schock war positiv, weil das Bestattungsunternehmen genau das Gegenteil von dem war, wie ich es mir vorgestellt habe. Es war dort hell, freundlich und modern, überhaupt nicht düster und man denkt nicht gleich an den Tod, wenn man reinkam. Das Gespräch verlief weitgehend locker und jede Frage, die ich hatte wurde beantwortet. Wir suchten die Trauerkarten aus und als es um die Frage ging, welches Zitat wir bevorzugen, schlug ich vor ein eigenes zu verfassen, das dann hieß:

> *„Die Zukunft ist ungewiss,*
> *die Vergangenheit beendet,*
> *was bleibt ist die Erinnerung."*

Es passte einfach und berührt mich damals wie heute. Wir waren uns einig darüber eigens ausgesuchte Musik beim Hereingehen und Herausgehen aus der Trauerhalle spielen zu lassen und entschieden uns für „River flows in you". Noch heute laufen mir die Tränen, wenn ich es höre. In der Redepause lief eine Instrumentalversion von „Angel" (Robbie Williams, weil ich Take That Fan bin).
Überhaupt die Betreuung war toll, es war schön in der Zeit immer ein freundliches Lächeln zu sehen und zu wissen, dass die Trauerfeier so organisiert wird, wie wir es haben wollten. Die Floristik war ein Traum und genau passend zur Urne. Ich würde dieses Bestattungsunternehmen jederzeit weiterempfehlen.

Noch ein kleiner Hinweis am Rande, weil ich es beim Bestatter gesehen habe.
Die Bestatter, ob alle das machen weiß ich nicht, bieten Schmuckstücke als Andenken an die Verstorbenen an. Trauerschmuck gab es schon immer, aber diese sind wirklich besonders. Man sucht sich aus einem Schmuckkatalog ein Schmuckstück aus (Ring, Armband, Anhänger etc.) vom Verstorbenen wird dann ein Fingerabdruck genommen (geht nur vor der Einäscherung!) und dieser dann auf dem Schmuckstück graviert.

Ich habe damals für meine Schwester und mich ein Sternanhänger aus Silber mit dem Fingerabdruck meines Vaters gravieren lassen. Uns hat nur geärgert, dass wir das nicht schon wussten, als unsere Mutter verstorben ist.
Natürlich muss man damit nicht warten, bis jemand verstorben ist, es gibt da viele Möglichkeiten, bei der man sich so ein Schmuckstück anfertigen lassen kann: zur Geburt, zur Hochzeit, zum Hochzeitsjubiläum. Werden Sie kreativ.[4]

Das Nachlassgericht vor Ort

Wir haben schon im Zuge unserer Gesetzestexte über das Nachlassgericht gesprochen, wir wissen, dass Sie sich um Erbangelegenheiten kümmern, was im Einzelnen bedeutet, dass Sie:

- Erben suchen und benachrichtigen
- Testamente und Erbverträge verwalten
- Erbscheine ausstellen
- die Verwaltung des Nachlasses veranlassen können
- einen Testamentsvollstrecker von seinem Amt entheben können
- das Aufgebotsverfahren überwachen
- Nachlassangelegenheiten (Wertermittlungsverfahren) u.a.

Zum Nachlassgericht gibt es nicht mehr viel zu sagen, nur wenn Sie einen Erbschein beantragen wollen, gehen Sie, wenn Sie zu einer Erbengemeinschaft gehören, bitte alle zusammen dorthin. Das macht nicht nur die Sache einfacher, sondern verhindert auch viel böses Blut. Wichtig noch mal zu erwähnen:

„Seinen Sie ehrlich gegenüber dem Nachlassgericht!"

Unehrlichkeit kann in dem Fall schlimmere Folgen haben, als Hausarrest oder Fernsehverbot.
Ich selbst war zusammen mit meiner Schwester beim Nachlassgericht, als mein Vater gestorben ist, um einen Erbschein zu beantragen. Wir haben beide die Fragen der Beamtin beantwortet, wurden belehrt und mussten dann dafür unterschreiben, dass wir uns der Konsequenzen bewusst sind, sollten wir gelogen haben. Was wir natürlich nicht gemacht haben. Ich

[4] www.schoen-e-berg.de, Stichwort: Erinnerungsschmuck

musste dann die Nachlassgegenstände auflisten und ihren derzeitigen Wert angeben. Nach dem ich die Wertaufstellung eingereicht hatte, dauerte es noch zwischen zwei und vier Wochen, dann bekam ich den Erbschein ausgehändigt. Den Erbschein habe ich mir gebraucht, weil die Ex meines Vaters Klage eingereicht hatte um sein Auto zu bekommen.

Witwen- und Weisen-Rente

Jeder Witwer und jede Witwe hat unter bestimmten Voraussetzungen Anspruch auf die Rente, wenn Sie:

- mit dem Verstorbenen verheiratet waren oder
- mit dem Verstorbenen in einer eingetragenen Lebenspartnerschaft standen
- die Ehe bzw. Lebenspartnerschaft mindestens 1 Jahr betrug (Ausnahme: der Verstorbene kam bei einem Unfall ums Leben, dann auch bei einer Ehedauer unter einem Jahr
- bzw. ihr Partner mindestens 5 Jahre in die Rentenkasse eingezahlt haben (Ausnahme: der Partner bezog schon Rente oder ist bei einem Arbeitsunfall ums Leben gekommen.)[5]

Die Rente wird ab dem Todestag ausbezahlt, außer der Verstorbenen bekam schon Rente, dann erst ab dem nächsten Monat. Sollten Sie wieder heiraten, wird die Rentenzahlung eingestellt und ihr Anspruch verliert sich. Sie können dann unter bestimmten Voraussetzungen eine s.g. Rentenabfindung bei der DRV (Deutsche Rentenversicherung) beantragen. Sie bekommen dann die Rente von zwei Jahren auf einmal ausgezahlt oder bei der kleinen Witwen- bzw. Witwerrente den Restbetrag bis zum Ende der Rente, ausbezahlt.

Waisenrente

Auch die Kinder des Verstorbenen haben Anspruch auf Rente, wenn der Vater, die Mutter oder gar beide Elternteile (Vollwaisenrente) verstorben sind, leibliche, sowie adoptierte Kinder; Stief-, Pflege- oder Enkelkinder, die im Haushalt des Verstorbenen leben. Die Waisenrenten werden bis zum 18. Lebensjahr des Kindes gezahlt, können aber auch bis maximal zum 27. Lebensjahr gezahlt werden, wenn sich der Waise:

- noch in der Schul- bzw. Berufsausbildung befindet

---

[5] Vgl. www.deutscherentenversicherung.de; Stichwort: Renten für Hinterbliebene.

- einen Freiwilligendienst leistet
- geistig oder körperlich beeinträchtigt ist und nicht selbst für sich sorgen kann
- oder sich in einer Übergangsphase von max. 4 Monaten zwischen zwei Ausbildungen, einen Freiwilligendient und einer Ausbildung oder vor dem Ausbildungsbeginn steht.

Die Voraussetzung der Einzahlung von 5 Rentenjahren gilt auch hier, es sei denn der verstorbene Elternteil hat schon Rente bezogen oder ist bei einem Arbeitsunfall ums Leben gekommen, dann sind die 5 Jahre nicht zu berücksichtigen.[6]

Hinterbliebenenversorgung durch den Arbeitgeber

Betriebsrenten hören sich super an, man zahlt einen Teil, der andere Teil wird vom Arbeitgeber eingezahlt und der Partner ist versorgt. So wurde es selbst mir mal erzählt und da haben bei mir so was von die Alarmglocken geläutet, zurecht. Nur um es vorwegzunehmen, ich habe keine Betriebsrente abgeschlossen, werde ich auch nie. Stellen Sie sich mal folgende Frage: „Wer schenkt einem schon freiwillig Geld?" Denn genau wie Versicherungen enthalten die Betriebsrenten Klauseln und die sind manchmal nicht ohne, besonders wenn man einen viel jüngeren Ehepartner hat. Viele dieser Verträge enthalten Klauseln, wo verbleibende Ehepartner bei einem Altersunterschied von 10 oder 15 Jahren keine Zahlung aus der Betriebsrente erwarten können. Das ist kein Scherz. Klagen wegen Altersdiskriminierung sind vor Gericht immer gescheitert. Deshalb, bevor man ein Betriebsrente abschließt, genau hinschauen und lieber alles zwei Mal durchlesen.
Mein Tipp:
Sollte der Altersunterschied zu hoch sein, lieber das Geld auf ein Sparbuch legen, ist weniger, aber der Partner bekommt das Geld garantiert. Übrigens Beamte haben es da besser, der Altersunterschied zwischen den Eheleuten darf dort 20 Jahre betragen.

Mietwohnung des Verstorbenen

Der Verstorbene liegt begraben auf dem Friedhof, damit ist das Schlimmste überstanden. Der Rest ist nur ein Klax, von wegen. Wenn es sich nicht gerade um ein Ehepaar (oder Paar) handelt, muss die Wohnung

[6] Vgl. www.deutscherentenversicherung.de; Stichwort: Renten für Hinterbliebene.

des Verstorbenen geräumt werden. Nicht sofort, aber in absehbarer Zeit. Eine Beerdigung ist ein Abschied, aber das Ausräumen einer Wohnung ist mit vielen Emotionen verbunden. Erinnerungen an den Verstorbenen kommen wieder hoch und das schon bei der kleinsten Berührung von etwas, einem Foto, einem Gegenstand oder beim Ansehen von Familienvideos. Dann die Frage: „Was bleibt und was kann weg?" Es ist ein Auf und Ab der Gefühle und einem wird endgültig bewusst: „Der Mensch kommt nie wieder zurück."
Vielleicht ist man kein Alleinerbe, sondern in einer Erbengemeinschaft und der eine möchte dies, der andere das und ein Streit ist vorprogrammiert. Dabei ist viel Fingerspitzengefühl gefragt. Man sollte miteinander reden, denn alles lässt sich in Ruhe klären, immer.
Bevor ich zu meinem Tipp für diese Situation komme, schauen wir uns erstmal die rechtliche Seite im BGB dazu an.

§ 563 Eintrittsrecht nach Tod des Mieters:

(1) Der Ehegatte, der mit dem Mieter einen gemeinsamen Haushalt führt, tritt mit dem Tod des Mieters in das Mietverhältnis ein. Dasselbe gilt für den Lebenspartner.

(2) Leben in dem gemeinsamen Haushalt Kinder des Mieters, treten diese mit dem Tod des Mieters in das Mietverhältnis ein, wenn nicht der Ehegatte eintritt. Der Eintritt des Lebenspartners bleibt vom Eintritt der Kinder des Mieters unberührt. Andere Familienangehörige, die mit dem Mieter einen gemeinsamen Haushalt führen, treten mit dem Tod des Mieters in das Mietverhältnis ein, wenn nicht der Ehegatte oder der Lebenspartner eintritt. Dasselbe gilt für Personen, die mit dem Mieter einen auf Dauer angelegten gemeinsamen Haushalt führen.

(3) Erklären eingetragenen Personen im Sinne des Absatzes 1 oder 2 innerhalb eines Monats, nachdem sie vom Tod des Mieters Kenntnis genommen erlangt haben, dem Vermieter, dass sie das Mietverhältnis nicht fortsetzen wollen, gilt der Eintritt als nicht erfolgt. Für geschäftsunfähige oder in der Geschäftsfähigkeit beschränkte Personen gilt § 210 entsprechend. Sind mehrere Personen in das Mietverhältnis eingetreten, so kann jeder die Erklärung für sich abgeben.

(4) Der Vermieter kann das Mietverhältnis innerhalb eines Monats, nachdem er von dem endgültigen Eintritt in das Mietverhältnis Kenntnis erlangt hat, außerordentlich mit

der gesetzlichen Frist kündigen, wenn in der Person des Eingetretenen ein wichtiger Grund vorliegt.

(5) *Eine abweichende Vereinbarung zum Nachteil des Mieters oder solcher Personen, die nach Absatz 1 und 2 eintrittsberechtigt sind, ist unwirksam.*

Bevor ich auf den Paragrafen näher eingehe, schauen wir uns vorher die Ergänzung an.

§ 563 a Fortsetzung mit überlebenden Mietern:

(1) *Sind mehrere Personen im Sinne des § 563 gemeinsam Mieter, so wird das Mietverhältnis beim Tod eines Mieters mit dem überlebenden Mietern fortgesetzt.*

(2) *Die überlebenden Mieter können das Mietverhältnis innerhalb eines Monats, nachdem sie vom Tod des Mieters Kenntnis erlangt haben, außerordentlich mit der gesetzlichen Frist kündigen.*

(3) *Eine abweichende Vereinbarung zum Nachteil der Mieter ist unwirksam.*

So der eine oder andere hat jetzt den Kloß im Hals, den er gerade bekommen hat, sicherlich verloren und kann jetzt wieder frei durchatmen. Nur weil der Ehepartner verstorben ist, steht man nicht gleich auf der Straße. Lebenspartner, Kinder oder andere Personen, die mit dem Verstorbenen zusammengewohnt haben, können die Wohnung übernehmen. Der Vermieter kann zwar die Wohnung nach § 543 außerordentlich kündigen, aber nur wenn der Mieter seinen Pflichten, wie die Miete zu bezahlen u.a. nicht nachkommt. Für den Vermieter gelten die Fristen entsprechend dem § 573 a und c jeweils Abs. 1, S. 2 (3 Monate; nach 5 Jahren Mietverhältnis: 6 Monate; nach 8 Jahren: 9 Monate). Natürlich kann auch der Ehepartner die Wohnung nach wie vor kündigen, wenn er oder sie nicht immer in jedem Winkel der Wohnung an den Verstorbenen erinnert werden möchte, aber nur unter Berücksichtigung der gesetzlichen Frist von drei Monaten nach § 573 c. Nur was ist, wenn der Verstorbenen zuletzt ganz allein in der Wohnung gewohnt hat? Dafür gibt es auch im BGB einen Paragrafen, den wir uns jetzt anschauen werden.

§ 564 Fortsetzung des Mietverhältnisses mit dem Erben, außerordentliche Kündigung:

Treten beim Tod des Mieters keine Personen im Sinne des § 563 in das Mietverhältnis ein oder wird es nicht mit ihnen nach § 563 a fortgesetzt, so wird es mit dem Erben fortgesetzt. In diesem Fall ist sowohl der Erbe als auch der Vermieter berechtigt, das Mietverhältnis innerhalb eines Monats außerordentlich mit der gesetzlichen Frist zu kündigen, nachdem sie vom Tod des Mieters und davon Kenntnis erlangt haben, dass ein Eintritt in das Mietverhältnis oder dessen Fortsetzung nicht erfolgt sind.

Hier liegt die Sache ein wenig anders als bei dem § 563 Abs. 4, hier braucht der Vermieter keinen wichtigen Grund, um das Mietverhältnis zu kündigen. Paragraf § 573 d, auf den sich die außerordentliche Kündigung mit gesetzlicher Frist bezieht, besagt das für Erben u.a. der § 573 (Ordentliche Kündigung des Vermieters) angewendet werden muss. Der Vermieter muss ein „berechtigtes Interesse" haben, um das Mietverhältnis zu beenden. Berechtigtes Interesse wäre, wenn er Eigenbedarf anmeldet, der Mieter seine Pflichten vernachlässigt oder der Vermieter erhebliche Nachteile davon hätte, wenn das Mietverhältnis fortgesetzt werden würde. Nun jetzt werden Sie vielleicht sagen: „Ist ja Jacke, wie Hose." Fast, nur die Formulierung ist anders. Dies wird jedoch hinfällig, wenn der Erbe die Wohnung übernimmt.

Mein Tipp:

Für alle, die eine Wohnung oder ein Haus ihres geliebten Verstorbenen räumen müssen, am einfachsten ist es erst Mal die Kleidung auszusortieren und wegzutun. Wobei man auch hier Kleidung behalten kann die gut erhalten ist. Behalten Sie keine Kleidung nur, weil sie mal ihre Mutter getragen hat. Ich z.B. habe von meinem Vater einen Pullover behalten, der nicht nur noch gut war, sondern auch meine Größe hatte. Ein anderes Beispiel waren seine NBA T-Shirts der Chicago Bulls. Sie waren aus einer Zeit wo Michael Jordan noch spielte, das ist Geschichte, so etwas wirft man nicht weg, außerdem trage ich sie regelmäßig.

<u>Was man nie wegwerfen sollte</u>:

- Fotoalben
- alte Fotos
- Familienvideos

Mein Vater hat uns oft auf Familienausflügen gefilmt und wollte die Kassetten mal auf DVD brennen lassen, was er aber irgendwie versäumt hat, bis er starb. Das erste, was ich nach seinem Tod gemacht habe, war die Videos auf DVD brennen zu lassen. Das hat mich zwar einiges gekostet, hat aber auch zwei Vorteile. Erstens kann ich die Videos auch auf dem Rechner sehen (sie waren auf V8-Kassetten) und zweitens nehmen DVDs nicht so viel Platz ein, wie die Kassetten.
Alles andere, wie Geschirr, Gläser, Besteck etc. kann man entweder behalten oder an Personen spenden, die sie nötiger brauchen, als man selbst. Was übrigens auch für Möbel gilt. Mein Vater hatte einige seiner Möbel erst vor einem Jahr neu gekauft, so dass ich einige davon noch verkauft habe. Das hört sich jetzt blöd an, aber man sollte die Gegenstände objektiv, bedeutet ohne Emotionen, betrachten.

<u>Kleines Beispiel:</u>
Emotional: Die Couch hat 20 Jahre gehalten, die hat Oma doch noch gar nicht so lange gehabt und weißt du noch, wie der kleine Michael auf der Couch gesessen hat? Ein neuer Bezug und eine Reparatur, und schon ist alles wieder gut.
Objektiv: Die Couch ist kaputt, weg damit!
Erspart einem viel Zeit und Tränen.

<u>Wie gesagt objektiv, folgende Fragen helfen:</u>
- Brauche ich das oder brauche ich es nicht?
- Passt oder passt es nicht? (Bezogen auf Anziehsachen)
- Kann der oder die es noch gebrauchen? (Wenn´s nach einer Woche nicht abgeholt wurde, wird's nicht mehr abgeholt) dann
- Verkaufen oder wegwerfen? Oder
- Spenden oder wegwerfen?

Achtung jetzt wird's esoterisch

Eine Sache möchte ich zum Schluss noch loswerden, alle die nicht an Esoterik glauben können jetzt aufhören zu lesen oder schauen mal rein, denn das folgende beruht auf wahren Begebenheiten, quatsch es ist wahr. Es gibt verschiedene Geschichten und Mythen, die sich um den Tod ringen, nicht zuletzt durch verschiedene Religionen. Die einen glauben an den Himmel und die Hölle, andere an Walhalla, wieder andere an das Paradies. Wir machen uns immer Gedanken um das „Danach", bzw. „was

mit uns passiert, wenn es soweit ist". Wir fragen uns nie: „Was passiert eigentlich mit unseren Angehörigen?"
Der Tod ist ein sehr einschneidendes Erlebnis und wird definitiv nicht einfach weggesteckt. Man wird traurig und das hört nicht nach ein paar Monaten auf. Bei jedem Lied, Film, Ort, einer Situation, einem Menschen der den oder die Verstorbene kannte, kommt alles wieder hoch. Fröhliche Erinnerungen, traurige Erinnerungen oder einfach die Erinnerung an den Verstorbenen selbst, lassen unsere Gefühle Achterbahn fahren. Man wird wütend darüber, dass einen der oder die Verstorbene allein zurückgelassen hat. Es ist ok wütend zu sein und mit der Person zu schimpfen, man sollte nicht gerade den Grabstein anschreiben, wenn man sonntags auf dem Friedhof ist. Einige verlieren sogar ihren Glauben, andere finden in ihm Stärke und Mut weiter zu machen. Und genau das ist das Stichwort: „weitermachen"

Jeden Tag geht die Sonne wieder auf!

Wichtig ist die Wut rauszulassen, seine Trauer zuzulassen und mit den Menschen in seinem Umfeld darüber zu reden, wie es einen geht. Auch zu akzeptieren, dass sich das Leben mit diesem Tag einschneidend verändert, ist wichtig. Denn das Vergangene lässt sich nicht mehr zurückholen, egal wie sehr man es versucht. Man kann ein Bild aufstellen und eine Kerze anzünden, um dem Verstorbenen bei sich zu haben. Ich persönlich habe das nicht gemacht, weil ich nicht jeden Tag auf das Bild meiner Mutter schauen möchte, ich behalte sie lieber in meinem Herzen. Und sollte ich doch mal den Wunsch verspüren sie zu sehen, schaue ich mir alte Fotos oder Familienvideos an, so kann ich auch mal wieder ihre Stimme hören. Ich habe durch ihren Tod schätzen gelernt, was man an Fotos und Familienvideos hat. Also filmen Sie zu Lebzeiten, was das Zeug hält, nur nicht zu viel, sonst sehen Sie ihr Leben auch nur durch eine Linse!
Durch Rituale kann man den Verstorbenen gedenken, z.B. indem man an dem Geburtstag oder Todestag der Person essen geht. Fakt ist, so hart es auch klingt, „das Leben geht weiter". Sobald man akzeptiert hat, dass man den Tod weder steuern, noch ihn bezwingen oder entkommen kann, wird es leichter und man genießt das Leben umso mehr. Ich bin mir sicher einige von Ihnen, die so eine Erfahrung schon durchgemacht haben, pflichten mir bei.
Die anderen, die vielleicht gerade trauern, können sich das im Moment nicht vorstellen. Denen möchte ich sagen: „Kommt Zeit, kommt Rat."

Mir fällt es nicht gerade leicht darüber zu reden, weil man als Spinner, Quacksalber oder für bescheuert erklärt wird, aber da es andere auch erlebt haben, bin ich mir sicher, dass es einigen hilft, die folgenden Zeilen zu lesen.
Ich persönlich habe es schon drei Mal erlebt, dass Menschen, die mir Nahe standen, ihren Tod vorausgesagt haben. Nicht genau auf den Tag, das wäre ja wirklich übernatürlich, nein. Am besten ich erzähle mal die Geschichten.

Meine Uroma war im Altersheim (damals hieß es noch so) und meine Mutter und ich besuchten sie dort. Sie war immer eine taffe Frau, die mit ihrer Meinung nicht hinterm Berg hielt, darüber hinaus konnte man sich mit ihr über alles unterhalten. Dass sie in dem Pflegeheim war, akzeptierte sie, weil es zu Hause so langsam nicht mehr ging, aber dass sie mit dieser „Piss Nelke", wie sie ihre Zimmergenossin liebevoll nannte, das Zimmer teilen musste, passte ihr gar nicht. Ihre Zimmergenossin pinkelte regelmäßig ins Bett und um ehrlich zu sein roch man es auch. Nach einer Schimpfpartie gegen ihre Zimmergenossin wurde meine Uroma plötzlich ganz ernst. Sie sagte meiner Mutter das sie ein schönes Leben gehabt hätte, es toll finden würde ihre Kinder, Enkelkinder und Urenkel kennengelernt zu haben, aber nun sei für sie Zeit zu gehen. Denn jahrelang mit dieser Piss Nelke das Zimmer zu teilen, käme für sie nicht in Frage. Ich war wirklich erschrocken, als ich ihre Worte vernahm. Damals dachte ich nicht, dass etwas dran sein könnte. Doch drei Monate später verstarb sie.

Mit meinem Opa hatte ich schon oft über den Tod gesprochen vor allem, nach dem Tod meiner Mutter, seiner Tochter. Wir sind offen mit dem Thema umgegangen. Mein Opa war Diabetiker und wusste, dass die Krankheit ihm zum Verhängnis werden kann. Einmal sagte ein Arzt zu ihm, das in seinem Körper so viel kaputt wäre, dass man es nicht mehr reparieren kann. Als Diabetiker hatte er Probleme mit der Wundheilung, ein Fuß war fast komplett weg, der andere zur Hälfte. Ansonsten ging es ihm ganz gut. Da fing er an Vorkehrungen zu treffen, Patientenverfügung, die Beerdigung u.a. Ein Jahr verging, noch ein Jahr und es ging ihm gut. Dann machte sein Herz Probleme, es war schwach geworden, so dass sich bei ihm in der Lunge Wasser ansammelte. Er wachte nachts auf, weil er keine Luft mehr bekam, kam ins Krankenhaus. Das Wasser war wieder aus der Lunge verschwunden und er bekam Medikamente für sein Herz. Mehrere kurze Krankenhausaufenthalte folgten, wieder aus dem gleichen

Grund. Gut zwei Jahre später, nach der ersten Diagnose, rief er mich eines Tages im Juni an. Er sagte mir, dass er dem Tod in diesen Jahr schon zwei Mal von der Schippe gesprungen sei, aber ein drittes Mal nicht schaffen würde. Ich war erschrocken über so viel Ehrlichkeit. Trotzdem wusste ich nicht was ich sagen sollte. Statt es in dem Moment zu akzeptieren, sagte ich ihm das wir uns bestimmt auf Omas Geburtstag im September sehen werden. Ich hätte mich, nachdem ich aufgelegt hatte, für diese Aussage Ohrfeigen können. Wie dumm das zu sagen. Opa hatte mich angerufen, damit ich Bescheid weiß, wie er mir sagte. Und was tat ich? Leugnen. Einen Monat später ist er gestorben.

Mit meinem Vater habe ich auch schon oft über das Thema Tod sprechen wollen, aber er war so einer, dass wenn man darüber sprach, er dachte, dann würde es auch passieren. Aberglaube ist manchmal stark. Er erzählte mir das ihm sein Vater gesagt hätte, dass er einen bestimmten Hochzeitstag meiner Großeltern noch erreichen wolle und dann sterben möchte. Mein Vater wollte das natürlich nicht hören und hätte am liebsten direkt auf Holz geklopft. Ich sagte ihm aber, dass ich daran glauben würde, dass es so passieren kann, aufgrund meiner Erfahrungen, die ich gesammelt hatte. Er war erstaunt darüber, blieb aber bei seiner Meinung. Da ich nicht weiß um welchen Hochzeitstag es sich handelt und meine Großeltern bereits über 90 sind, scheint er noch nicht erreicht zu sein.
Es geht hier nicht um meine Großeltern, sondern um meinen Vater.
Der hat mir nichts von seinem Tod gesagt, schließlich erfreute er sich bester Gesundheit für seine 58 Jahre. Nein, was bei ihm passiert ist, war viel schlimmer. Da mein Vater in der Stadt in einem großen Elektronikfachmarkt arbeitete und meine Uni in der Stadt war, besuchte ich ihn kurz bevor ich meine Bachelorarbeit abgeben musste. Er war auf einmal so redselig wie noch nie und erzählte mir Sachen, die ich überhaupt nicht hätte wissen müssen. Es kam mir vor, als wolle er mir vor seinem Tod noch alles wichtige erzählen, wie ein Sterbender auf dem Totenbett, nur, dass wir in einem Kaufhaus mit laufender Kundschaft standen.
Ich bekam es mit der Angst zu tun und hatte eine Ahnung, aber ich hoffte im inneren, dass ich mich irrte. Wir redeten nicht über den Tod, er erzählte mir Sachen, die seine Ex gemacht hat, nicht so ganz legal versteht sich und wie er seine Sachen aus der gemeinsamen Wohnung geholt hatte. Dann sprach ich ihn auf den Campingplatz im Sauerland an, wo meine Großeltern ihren Wohnwagen stehen hatten und erzählte ihm das ich dort hinfahren wollte. Wir redeten und redeten. Meine letzten

Worte waren: „Wir sehen uns, wenn du aus deinem Urlaub wieder zurück bist."
Während er im Urlaub war, fuhr ich zu dem besagten Campingplatz und machte Fotos, die ich meinem Vater zeigen wollte, wenn er wieder zurück ist. Ich betete, dass er heile wieder aus dem Urlaub zurückkommen würde. Ich wollte mit ihm meinen Uni-Abschluss feiern, weil ich kurz nachdem er aus dem Urlaub zurückkommen würde, fertig war. Er kam heile wieder zurück, was mich sehr freute und mir Hoffnung machte, dass unser Gespräch an dem Tag einfach nur ein Gespräch war. Deshalb bereitete ich mich so langsam auf mein Kolloquium (mündliche Prüfung) vor. Ich wollte meinem Vater beim Essen nach dem Kolloquium die Fotos zeigen, die ich gemacht hatte. Der Termin zum Kolloquium stand, was ich meinem Vater per SMS mitteilte, damit er Bescheid wusste.
Für Sonntag waren über 20 Grad angesagt worden, was mich freute und ich mit meinem Freund einen Ausflug machte. Ich dachte an meinen Vater und war mir sicher, dass er dieses schöne Wetter für eine Motorradfahrt nutzen würde. Und ich hatte Recht. Nur das er am Abend nicht heile nach Hause kommen würde, war mir nicht bewusst. Er starb an dem Tag bei einem bisher unaufgeklärten Motorradunfall. Seine Ex hat mich nach seinem Tod vor Gericht gezehrt (wegen Geldgier), was bis jetzt noch anhält, aber die Informationen, die mein Vater mir an dem Tag gegeben hat, waren dabei sehr hilfreich.

Man muss nur die Augen und Ohren offenhalten. Aber es gibt noch eine Sache, die ich kurz erzählen möchte. Ich habe es selbst schon zwei Mal erlebt und weiß von meiner Oma und einer Freundin meiner Mutter, dass es ihnen ebenso ergangen ist, nämlich dass sich Verstorbene von ihren Liebsten verabschieden, im Traum.
Kurze Zeit nachdem meine Mutter verstorben ist, habe ich sie im Traum gesehen. Ich saß in unserem alten Wohnzimmer. Das Licht im Flur war an und ich hörte meine Mutter rufen. Ich stand von der Couch auf und ging in den Flur, dann nach links in unser Kinderzimmer. Da saß meine Mutter auf dem Bett meiner Schwester und sagte mir, dass sie nun gehen müsse. Ich sah sie an und sagte, dass es schon in Ordnung wäre und wachte auf.
Ich erzählte der besten Freundin meiner Mutter von meinem Traum und sie sagte mir, dass meine Mutter sich auch von ihr im Traum verabschiedet hätte.

Als mein Opa gestorben ist, sind meine Oma und ich am nächsten Tag spazieren gegangen, da erzählte sie mir aus heiterem Himmel, ohne dass ich das Thema angeschnitten habe, von ihrem Traum. Sie lag im Bett im Schlafzimmer, da hörte sie ein Geräusch und schaute zur Schlafzimmertür, wo mein Opa stand und ihr sagte, dass er jetzt gehen müsse. Dann sei er aus der Tür verschwunden. Meine Oma sei aufgestanden und hätte in dem Flur geschaut, doch er war weg.

Wo mein Vater verstarb hatte ich Hoffnung mich auch von ihm verabschieden zu können, wie bei meiner Mutter. Bei meiner Mutter hatte ich den Traum etwa zwei Wochen nach dem sie gestorben war. Bei meinem Vater in etwa vier Wochen danach. Ich dachte vielleicht lag es daran, dass er im Sauerland verstarb. Ich stand unter einer Brücke an einer Ampel. Ich wusste genau wo ich war. Es war auf der Viktoriastraße an der Ampel zum Bermudadreieck bei uns in Bochum. Plötzlich tauchte mein Vater neben mir auf. Er war so gekleidet, als wolle er zur Arbeit gehen, ein weißes Hemd und eine dunkle Anzugshose. Die Richtung hätte auch gepasst. Er sprach mich an und sagte mir, dass er jetzt gehen müsse und ich wollte nicht das er geht. Er ging über die Ampel, ich lief ihm hinterher. Er ging über den Platz in Richtung Kortum-Straße und verschwand plötzlich. Ich lief hinterher konnte ihn aber nicht finden. Dann wachte ich auf.

Es mag dumm klingen, aber ich glaube fest daran, dass sich die Verstorbenen von uns verabschieden. Kurz nachdem ich meine Träume hatte, überlegte ich mir das Datum zu notieren, um es jederzeit nachzuhalten. Nur was würde das bringen? Ich wusste das es passiert war, der Rest war nicht von Bedeutung. Vielleicht haben Sie selbst schon derlei Erfahrung gemacht oder Sie halten mich jetzt für eine Spinnerin, egal. Jeder darf an das glauben was er möchte.
Ich weiß das es wahr ist!

Literaturverzeichnis

ADLER REEDEREI, Adler Schiffe, Stichwort: Seebestattung, Online im Internet, URL: <https://seebestattung-adlerschiffe.de/>, Stand: 2021.

BUNDESMINISTERIUM FÜR JUSTIZ UND FÜR VERBRAUCHERSCHUTZ, Gesetze im Internet, Stichwort: Gesetze und Verordnungen, Online im Internet, URL: <http://www.gesetze-im-internet.de/aktuell.html>, Stand: 2021.

DEUTSCHE RENTENVERSICHERUNG, Stichwort: Hinterbliebenenrente, Online im Internet, URL: < https://www.deutsche-rentenversicherung.de/DRV/DE/Home/home_node.html>, Stand: 2021.

DIE JUSTIZ DES LANDES NORDRHEIN-WESTFALEN, Justiz-Online, Pfad: Bürgerservice>Familie und Partnerschaft>Nachlassverfahren>Erbschein und Erbscheinverfahren, Online im Internet, URL: <https://www.justiz.nrw/Gerichte_Behoerden/ordentliche_gerichte/FGG/Nachlassverfahren/erbschein/index.php>, Stand: 2021.

RECHTSINFORMATIONSSYSTEME GMBH DEJURE.ORG, Stichwort: Rechtsprechung VZR 225/60 vom 28.11.1962, Online im Internet, URL: <https://dejure.org/dienste/vernetzung/rechtsprechung?Gericht=BGH&Datum=28.11.1962&Aktenzeichen=V%20ZR%20225%2F60>, Stand: 2021.

SCHÖNEBERG, F.: schoen-e-berg, Stichwort: Erinnerungsschmuck, Online im Internet, URL: <https://www.schoen-e-berg.de/erinnerungsschmuck.html>, Stand: 2021.

STADT BOCHUM, Stichwort: Bestattungsarten auf städtischen Friedhöfen, Online im Internet, URL: <https://www.bochum.de/C125830C0042AB74/vwContentByKey/N26XTBE7901HGILDE/$FILE/bestattungsarten.pdf>, Stand 2020/2021.

Verwendete Gesetzestexte

BEURKUNDUNGSGESETZ (BeurkG) vom 28.08.1969, in der Fassung der Bekanntmachung vom 28.08.1969 (BGBI. I S. 1513), zuletzt geändert durch Artikel 11 des Gesetzes vom 25.06.2021 (BGBI. S. 2154).

BÜRGERLICHES GESETZBUCH (BGB) vom 18.08.1896, in der Fassung der Bekanntmachung vom 2.01.2002 (BGBl. I S. 42, 2909; 2003 I S. 738), zuletzt geändert durch Artikel 1 des Gesetzes vom 25.06.2021 (BGBl. I S. 2133).

ERBBAURECHTSGESETZ (ErbbauRG) vom 15.01.1919 (RGBl. S. 72, ber S. 122), in der Fassung der Bekanntmachung vom 15.01.1919 (BGBl. III/FNA 403-6), zuletzt geändert durch Artikel 4 Absatz 7 vom 01.10.2013 (BGBl. I S. 3719).

FAMILIENSACHEN UND IN DEN ANGELEGENHEITEN DER FREIWILLIGEN GERICHTSBARKEIT (FamFG) vom 17.12.2008, in der Fassung der Bekanntmachung vom 17.12.2008 (BGBl. S. 2586, 2587), zuletzt geändert durch Artikel 15 vom 25.06.2021 (BGBl. S. 2154).

FRIEDHOFSGEBÜHRENSATZUNG der Stadt Bochum vom 25.07.1983 in der Fassung der Bekanntmachung vom 14.07.1994 (GV. NRW S. 666), zuletzt geändert am 14.11.2019.

STRAFGESETZBUCH (StGB) vom 15.05.1871, in der Fassung der Bekanntmachung vom 13.11.1998 (BGBl. S. 3322), zuletzt geändert durch Artikel 29 vom 07.07.2021 (BGBl. S. 2336).

Kolibri 360 GmbH
Ferdinand-Jühlke-Straße 7
99095 Erfurt, Deutschland
produktsicherheit@kolibri360.de

Druck:
CPI Druckdienstleistungen GmbH
im Auftrag der
Kolibri 360 GmbH
Ferdinand-Jühlke-Str. 7
99095 Erfurt